CARMEN

CARMEN

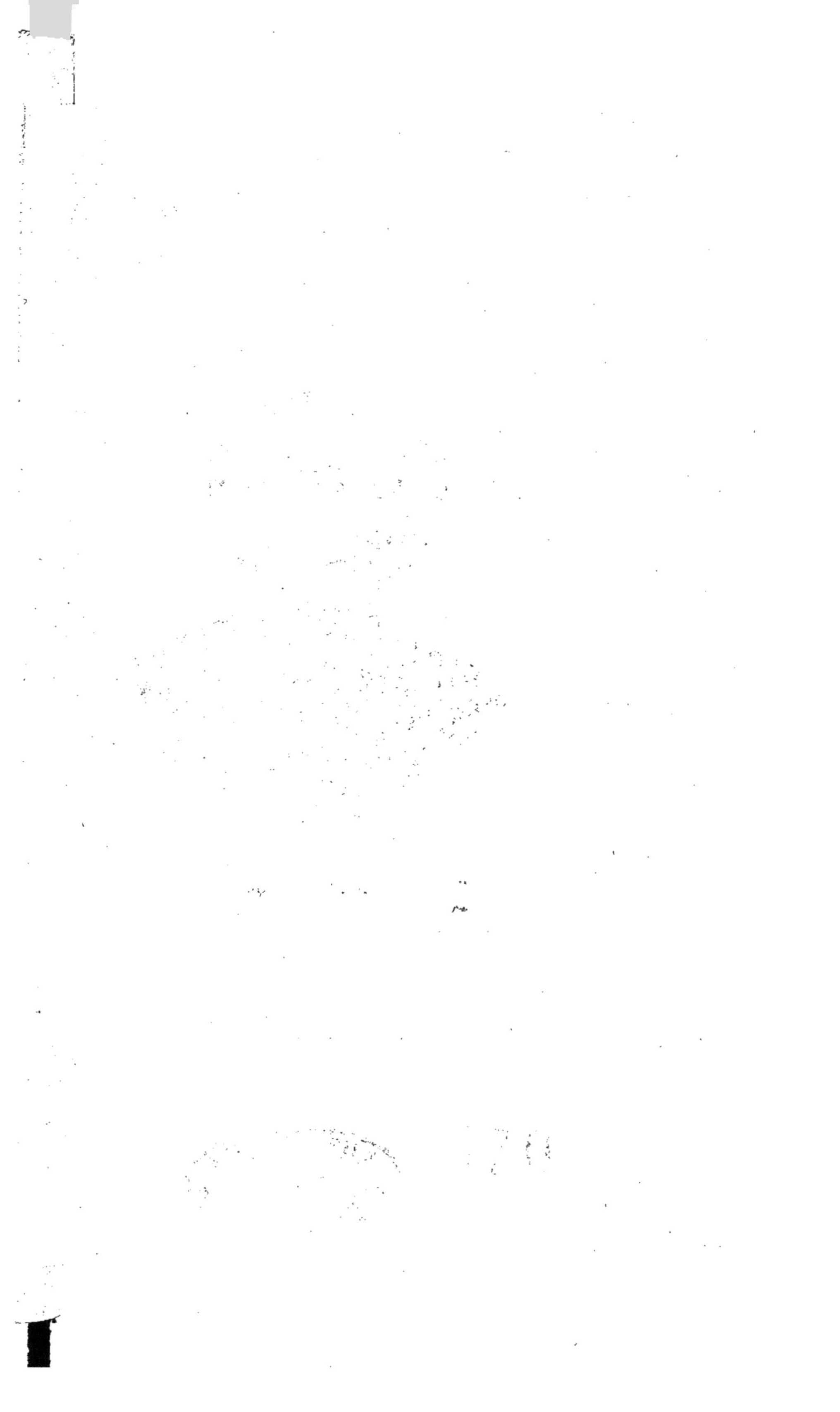

CARMEN

DE MONTEZUMA

OU UNE DESCENDANTE DE MONTEZUMA A BORDEAUX

ET L'HISTOIRE DU MEXIQUE

1804 à 1870

PAR

François COMBES, professeur d'Histoire à la Faculté des Lettres de Bordeaux.

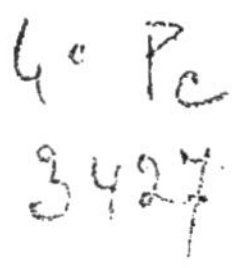

BORDEAUX

FERET ET FILS, LIBRAIRES-ÉDITEURS,

15 — COURS DE L'INTENDANCE — 15

—

1884

A Monsieur VILLENEUVE DE BEZ

*En puisant largement dans vos belles Archives mexi-
caines, faites pour tenter un chercheur et qui m'étaient
si gracieusement ouvertes, j'ai composé un livre qui
vous touche, et je viens vous l'offrir. J'ai déchiffré et
étudié toutes les pièces concernant le Mexique, depuis l'insurrection de 1808. J'ai vu les nombreuses lettres des chefs
de l'Indépendance, Negrete, Cela, Blanco, Aghea, que
Bordeaux a connus et dont certains ne jouirent pas de ce
qu'avait fondé leur courage. J'ai vu aussi des autographes
de Santa-Anna, le vainqueur de Tampico, d'Iturbide, qui se
fit empereur, comme son contemporain Napoléon Ier, et se
préféra aux lois; de Miguel Barragan qui fut votre
beau-frère, le héros d'Ulloa, l'homme le plus intègre de la
Révolution, le Lazare Hoche de la République du Mexique.*

*Après les grands Mexicains sont venus les grandes
Mexicaines, dont les lettres ne sont pas d'un moindre intérêt. L'illustre comtesse de Miravalle, votre belle-mère, et
ses filles Merced, Carmen, Manuela, celle-ci femme du
célèbre Miguel Barragan qui devint président de la République, toutes ces dames, instruites, spirituelles, distin-
guées, que M. de Humbold, dans ses voyages, semble avoir
visitées à Mexico et dont l'hôtel princier existe encore dans
la rue San-Spiritu de cette antique capitale, écrivaient*

beaucoup et écrivaient bien. Elles avaient une correspondance très-variée, très-étendue, et je l'ai fait entrer dans mon travail. La famille était historique ; elle remontait directement, et de la façon la plus authentique, à l'empereur Montezuma. En vertu de cette origine, elle recevait et elle reçoit encore du gouvernement mexicain la pension, établie par Charles-Quint en faveur de la fille de Montezuma, mariée à un hidalgo espagnol. Elle se liait aux entrailles mêmes du Mexique, et par conséquent je ne pouvais négliger les annales de ce pays.

Les Voyages de M. de Humbold, ceux du savant naturaliste d'Orbigny, l'Histoire du Mexique de La Renaudière, un curieux chapitre de Cantu dans son Histoire universelle, l'Histoire de l'Amérique de Robertson, les divers travaux des Commissions du Mexique, quelques mémoires imprimés du colonel Serrano, époux de Merced, et dont les descendants, Grands d'Espagne de 1re classe, sont des premiers de la noblesse de Grenade, un Essai manuscrit sur la civilisation du Mexique de l'honorable Rafael Escriche, l'un des trois Intendants de la Marine en Espagne, etc., tout a été mis en œuvre pour élever, dans la mesure de mes forces, l'édifice à la hauteur du sujet. Je ne voulais écrire qu'une monographie ; j'ai écrit de l'histoire, et ma noble héroïne, Carmen de Miravalle y Trebuesto y Montezuma, est devenue la double personnification de toute une race et d'une nation entière.

Voilà ce que j'ai fait, Monsieur et très-honoré Compatriote, assuré de répondre à vos plus intimes sentiments, et je vous prie de vouloir bien en agréer le légitime hommage.

Bordeaux, le 15 juin 1884.

F. COMBES

CARMEN

DE MONTEZUMA

OU UNE DESCENDANTE DE MONTEZUMA A BORDEAUX

1804 à 1870

I

L'AMABLE-VICTORIA

En 1828, sous la Restauration, lorsqu'à Paris M. de Martignac dirigeait le Ministère, favorisait la presse, enlevait l'enseignement aux Jésuites ou Pères de la Foi, et tâchait d'empêcher une inévitable révolution libérale, d'autres révolutions troublaient un autre monde et un autre pays. L'immense colonie espagnole du Mexique était en feu, et des milliers de bannis ou d'émigrés se répandaient en Amérique et en Europe. On quittait Mexico, Puebla, Queretaro ; on s'acheminait vers les États-Unis par la Louisiane ou le Texas ; on s'embarquait à Vera-Cruz pour l'Angleterre, l'Espagne, la France ; les navires étaient pleins, et, pour ne parler que de ce qui se passait chez nous, au mois de mai de cette année l'*Amable-Victoria* touchait au port de Bordeaux, et y débarquait, en compagnie du colonel Serrano, de sa famille et de deux négresses leurs servantes, une jeune et belle personne de 24 ans, d'assez jolie taille, d'un port majestueux, le teint ardent et coloré, les yeux singulièrement vifs et observant tout, une forêt de cheveux noirs, un beau et large front, un peu mélancolique et voilé de tristesse, un air vague et rêveur comme celui que donnent les soucis du cœur, les craintes et les regrets, le passé et l'avenir, les illusions perdues, les douces poésies des premiers ans changées tout à coup en tressaillements et amertumes.

A Mexico, elle avait laissé la comtesse sa mère

aux prises avec un intendant qui la subjuguait et la ruinait. Elle s'était séparée d'un beau-frère qu'elle chérissait et qu'elle admirait, qui était à la fois l'honneur du Mexique et la gloire de la famille, un Camille pour les services, un Cincinnatus pour les vertus, naguère président respecté de la République Mexicaine, libérateur et vainqueur, l'idole de ses concitoyens et la terreur de l'Espagne, maintenant descendu des hauts sommets où on l'avait élevé, mal servi, mal jugé, et sur le point d'être banni comme un autre Aristide. « Que devient le pauvre Miguel, *el pobre Miguel* » (c'était le prénom de
» l'illustre beau-frère), disait-elle à sa mère au
» moment de partir, et pourquoi n'ai-je pas reçu
» de lettres par les derniers courriers ? L'Océan
» avec ses vagues ne me fait pas trop peur ;
» mais c'est la séparation qui me coûte. O mère,
» qui remplissez mon cœur, *mama de mi corazon*,
» c'est aujourd'hui que nous partons, *hoy, hoy*
» *nos bamos*, et je n'ai pas eu de lettres de vous
» depuis que nous sommes ici ! Je crains quelques
» disgrâces nouvelles dans notre famille, à qui on

» 'ne les épargne pas depuis quelque temps, *estás*

» *son tan abundantes en nuestra familia!* Recevez

» les adieux de votre fille qui part, et qui vous

» aimera toujours » (1).

---

(1) Archiv. de la famille, lettre de Vera-Cruz, 11 avril 1828.

Pedro Alonzo de Trebuesto-Andrade y Montezuma
Comte de Miravalle

II

LA DESCENDANCE DE CARMEN

ELLE s'appelait Carmen, cette jeune personne qui s'en allait du Mexique le 11 avril 1828, et sa mère, pas très âgée encore, 47 ans, était Dona Maria de las-*Angustias*, un des surnoms de la Vierge Marie, comme *Dolores, Mercedes* et *Carmen* même ou *Carmel*. Dona Maria appartenait à la noble maison de Casasola, et, par son mariage en 1794, elle était devenue comtesse de Miravalle y Trebuesto y Andrade y Montézuma : beaucoup de noms et longue nomenclature ; mais c'était la généalogie, répétée à chaque mariage, et c'était aussi l'utilité de ces pompeuses énumérations espagnoles.

Le père de Carmen, D. Pedro de Trebuesto, comte de Miravalle ou *Val Joli*, et dont la famille possède encore le portrait en colonel espagnol, descendait directement de Montézuma. Que ce soit du premier ou du second, peu importe ! Le premier laissa un fils. M. de Humbold, dans la relation de son fameux voyage au Mexique, en parle ; il l'appelle *Tohualica-huatzin* (1). Ce fils fut baptisé après la conquête, et reçut le nom de Don Pedro. Il devint la tige des comtes espagnols de Montézuma y Tula, dont le dernier rejeton est mort en 1836, à la Nouvelle-Orléans, près du pays où avaient régné ses pères.

Le second Montézuma ou *Moteuczoma*, fut connu sous le nom de Guatimozin ou en Indien *Xocojoczim*, adjectif qui, placé après le nom de famille, signifie le cadet — c'est encore M. de Humbold qui nous le dit — Ce second Montézuma avait une fille, toute jeune, la belle *Téhuichpotzin*. Cette princesse fut baptisée aussi ; elle grandit dans sa religion nouvelle ; elle vécut au milieu des seigneurs espagnols,

---

(1) Alex. de Humbold, Voy. dans la Nouv. Esp. ou Mexique, p. 164, t. 2.

sous le nom de Dona Isabelle; elle épousa l'un d'eux Don Pedro Alonzo de Andradé, duquel descendaient les Trébuesto Miravalle. Et voilà comment le père de Carmen se rattachait à la famille de Montézuma. Il y avait du sang indien dans cette race, et du sang le plus beau.

Il y avait en outre un legs héréditaire qui était le signe de cette royale filiation. Charles - Quint avait constitué en faveur de Dona Isabelle, à perpétuité et suivant l'ordre de primogéniture, une pension de 25 mille pezos (1). Ce majorat, lorsque en 1808 le Mexique se souleva contre l'Espagne, resta quelque temps impayé. Les charges que l'Espagne avaient acceptées demeurèrent forcément incertaines et flottantes. Le trouble était partout. La Révolution mettait tout en question. Le comte de Miravalle vint à mourir; son fils Don José le suivit de près, à peine âgé de 20 ans. Heureusement la comtesse de Miravalle survivait, avec trois filles, toutes trois du nom

---

(1) 25 mille pezos, un peu plus de 25 mille francs.

Arch. de la fam. Liasse n⁰ 19 : Imprimés, relatifs à la famille de Miravalle, México, 1825, chez Rivera, impr. Calle de Capuchino, n⁰ 1.

de Marie : Dona Maria de las Mercédès, née en 1795 ; Dona Maria del Carmen, née en 1804, au moment du voyage de M. Humbold, qui semble avoir été reçu dans la famille, et Dona Maria Manuela, née en 1810.

La comtesse n'avait plus d'enfant mâle ; mais les droits d'aînesse, relatifs au majorat, suivaient la mode espagnole qui admet les femmes à succéder ; elle pouvait donc réclamer la pension perpétuelle, en faveur de sa fille aînée Mercédès ou Merced. Elle le fit en 1825, dans un mémoire imprimé, qui existe encore et que nous avons eu sous les yeux, intitulé : *Clamores de Justicia* ou *Cris de justice*. De son côté, le colonel Serrano, qui, en 1823, avait épousé Merced, se joignit à la comtesse, sa belle-mère, et soutint les droits de sa femme, qui étaient sa propre cause. Il publia aussi un *Communicado*, ou Adresse au gouvernement mexicain ; il revendiqua ladite pension de *Andradé Montézuma*, octroyée par Charles-Quint, et confirmée en 1590, 5 décembre, par Philippe II. Pour se concilier plus de sympathie, il parla de ses jeunes belles-sœurs que tout

Mexico connaissait et aimait ; il parla de la solli-
citude de Merced pour Carmen, qui était encore
demoiselle, *particularidad Doña Maria del Carmen,
de estado doncella*. Il semblait vouloir dire, que, au
milieu de la ruine de toutes choses et après tant de
révolutions, cette pension pourrait servir à la marier
dignement.

On fit plus ; on exhiba un document qui se
conserve soigneusement dans les familles aristo-
cratiques, à cause des grands intérêts et des
distinctions qui s'y rattachent ; on exhiba la
généalogie :

1° Dona Isabelle, fille légitime de Montézuma,
épouse Don Pedro de Andradé, d'où un fils Don
Juan Andradé y Montézuma ;

2° La maison de Andradé se perpétue de mâle
en mâle jusqu'en 1750, c'est-à-dire jusqu'à Félipé
de Andradé y Montézuma, qui ne laisse qu'une
fille ;

3° Dona Juana Andradé y Montézuma, fille de
Félipé, épouse Don Justo de Trébuesto, comte de
Miravalle, d'où un fils Don Pedro, etc ;

4° Don Pedro de Trébuesto y Andradé y Montézuma épouse en 1794, comme il a été déjà dit, Dona Maria de las Angustias Casasola, et il en a les quatre enfants nommés plus haut (1).

La généalogie était fort bien établie. J'en ai passé les détails pour la transmission masculine, jusqu'à Don Félipé; je n'ai pas voulu fatiguer le lecteur. Mais l'arbre généalogique existe en entier chez les représentants de l'illustre famille, et la preuve la meilleure de cette descendance invoquée par eux, c'est que le gouvernement méxicain leur accorda le fameux Majorat de Charles-Quint. A l'heure qu'il est, le jeune comte de Miravalle, grand d'Espagne de 1re classe, résidant à Grenade, petit-fils de Serrano et de Merced, licencié en Droit, membre de plusieurs Sociétés savantes, touche annuellement la pension perpétuelle de la fille de Montézuma, et il la touche seul, comme représentant la branche aînée de la famille. Il est directement le 13e petit-fils de Montézuma.

---

(1) Liasse n° 12.

III

MONTÉZUMA : ANTIQUE CIVILISATION MEXICAÎNE

Nous voilà donc, cela est certain, avec de vrais descendants de Montézuma, de ce roi mexicain que Fernand Cortez vainquit, emprisonna, déposséda. En échange d'un Empire, la fille de Montézuma était réduite à une pension alimentaire. La pension restait à ses descendants, mais l'Empire n'était plus. Et quel empire que celui du Mexique, quel souverain que Montézuma !

A en croire Antonio de Solis, historiographe des Indes en 1661, et qui écrivit, plus de cent ans après, sans avoir rien vu, sans indiquer ses autorités et ses sources, les Mexicains étaient tout ce qu'il y avait de plus sauvage, de plus affreux, de plus barbare. On voyait chez eux des sacrifices humains, tels que ceux, en quelque sorte, qu'au même moment et au grand siècle de la civilisation espagnole l'Inquisition ordonnait avec non moins de rudesse. Les mœurs sacerdotales étaient dures au Mexique, comme chez les Espagnols ; la religion visait à l'épouvante ; les prêtres couvraient les mariés d'un voile de fin lin, où était peint un squelette, comme pour leur dire que la mort seule devait rompre leur lien. Les rois, à leur couronnement, n'étaient pas plus dispensés de ces symboles effroyables. A côté d'un manteau bleu de ciel, les prêtres les revêtaient d'un manteau noir, semé d'ossements et de crânes. On ne pouvait pas mieux leur faire entendre qu'eux aussi ils étaient mortels. Les prêtres égyptiens n'étaient pas plus sévères. Ceux du Mexique ressemblaient aux anciens Druides dont nous parle César, ou aux sacrificateurs des poèmes d'Homère, impitoyables comme Calchas pour les victimes désignées ou pour les prisonniers de guerre. Ils ne laissaient vivre au milieu d'eux aucun élément étranger à leur religion, à leurs idées nationales; ils se protégeaient, comme se protègent les théocraties, par la sévérité et le sang.

L'empire mexicain formait une vaste aristocratie théocratique de grands chefs et de seigneurs ou caciques, gouvernés par un maître absolu; et il est certain que rien n'était plus effrayant par exemple, que cette statue de la déesse *Téoyaotimiqui,* retrouvée au commencement de ce siècle, et décrite par le voyageur anglais Beullock, statue de 9 pieds de haut et en basalte, figure grimaçante, unie à des formes de tigre et de serpent, avec deux ailes de vautour. Aux côtés, des griffes de tigre pour pieds, un chapelet de cœurs humains et de crânes pour collier, deux grands serpents en guise de bras, et de nombreux anneaux de vipères pour toilette (1). Quelle religion atroce que celle qui avait de telles représentations et un pareil symbolisme! Ce n'était pas le respect des dieux, c'était la terreur, et

(1) Beullock, voyage au Mexique.

surtout la terreur de ses ministres. Comme en Egypte, comme en Chaldée, comme chez tous les peuples primitifs, les prêtres commandaient aux princes et aux rois.

Mais, pour la civilisation mexicaine, nous avons d'autres répondants que Solis, des témoins plus rapprochés des Indiens et qui les virent longtemps, pendant, et après la conquête. Nous avons le célèbre dominicain Barthélemy las Casas, un auteur non suspect et qui était avec Cortez. Deux autres aussi accompagnaient le conquérant : Don Gomara, qui était son aumônier, et Bernäl Diaz de Castillo, qui était un de ses compagnons d'armes. Barthélemy a laissé la *brevisima relacion de la destruction de las Indias;* Gomara, une *chronique* de la conquête; Diaz, *l'historia verdadera de la conquista de la Nueva-Espagna.* Nous avons enfin les *lettres* ou *rapports* de Cortez à Charles-Quint, que Robertson le premier se procura et qu'il fit connaître au monde savant. Avec eux, Roberston a pu dire de Solis, « qu'il ne connaît pas d'historien que sa réputation littéraire ait plus élevé au-dessus de son mérite réel ». Avec eux à notre tour, et avec Robertson qui ne flatte jamais les Indiens, nous dirons que, en dépit de ces sacrifices sanguinaires, les peuples n'étaient pas mauvais, et que les arts fleurissaient à côté de ces monstruosités religieuses. Ne brillaient-ils pas en Espagne sous Philippe II, au moment le plus fort des auto-da-fé et des hécatombes humaines? La même nation qui produisait Herrera — le vieux et Lopez de Véga, plus tard Ribeira, Murillo, Caldéron, n'assistait-elle pas pieusement et joyeusement à des crémations collectives et au sang qui en ruisselait?

Les *Téocatli* ou temples mexicains, avec le large escalier par où l'on y montait, avec la pyramide tronquée qui s'élevait au centre et au haut de laquelle, bien en vue du peuple, on sacrifiait, ces *Téocatli* en pierre, que tous les voyageurs, depuis Humboldt, ont dessinés et admirés, indiquaient la culture des arts. On est fixé aujourd'hui sur la prétendue ignorance et la barbarie de l'ancien Mexique. Au contraire, tout y rappelait la grandiose civilisation des bords du Nil, avec les pyramides et les hiéroglyphes; comme si les peuples, laissés à eux-mêmes dans de belles contrées, se développaient d'une manière identique, et que les âges de la civilisation fussent aussi invariables que les âges géologiques du globe. Rien de plus imposant que les ruines pyramidales de *Chulula*, de *Palanqué*, dans l'État actuel de Chiappa, visitées par Humboldt, et où l'on a trouvé des instruments de musique, des bas-reliefs, des hiéroglyphes. Il y a là 6 à 7 lieues de ruines magnifiques. Près de Puebla et aux environs de l'église catholique de *Notre-Dame de los reme-dios,* on peut voir dans ses fragments le monument le plus colossal de l'Amérique et peut-être du monde, ayant 1355 pieds à sa base et 172 pieds de hauteur : c'est la grande pyramide tronquée de l'ancienne ville sainte de *Churultèca.* On y rencontre aussi des ponts, des digues, des aqueducs, des canaux, dont on se sert encore : par exemple, le pont de los Reyes, la grande digue de Mexico de 4,000 de longueur, l'aqueduc d'Otumba, le célèbre *désague* ou canal d'écoulement, l'un des ouvrages hydrauliques les plus gigantesques, destiné à préserver Mexico du débordement des lacs au milieu desquels elle est bâtie; c'est le lac Mœris du Mexique.

A Oaxaca, un autre savant explorateur, M. de Laguna, a découvert un des restes les plus curieux de la sculpture mexicaine; c'est un guerrier sortant du combat, paré des dépouilles ennemies, entouré d'esclaves assis, les jambes croisées et à ses pieds ; un vrai stèle antique, un bas-relief chaldéen, et dans des proportions énormes. Il a découvert, dans la triste solitude de Mitla, des peintures, des trophées de guerre, trois bâtiments symétriques, les bas-plafonds d'une salle souterraine, soutenue par six colonnes de porphyre, restes saisissants de la riche demeure de quelque Cacique mexicain, comme on trouve çà et là dans notre France les ruines de palais romains. Pour nier la civilisation du Mexique, il faut nier celle de Babylone, ou celle des Pharaons. Les hiéroglyphes et les ruines sont les signes les plus éloquents de cette culture incontestable; elle se survit à elle-même, et, toute défigurée qu'elle est, elle fait foi de sa grandeur. Les travaux de la commission du Mexique, instituée sous le dernier Empire par M. Duruy, renferment des planches admirables. On peut voir aussi, dans le Voyage en Amérique du naturaliste d'Orbigny *(1), les bas-reliefs et les belles formes du grand temple de Palanqué.

Toutes les sociétés étant l'expression d'une idée religieuse, les religions sont nécessairement rivales entre elles et cherchent à s'anéantir; elles sont iconoclastes les unes par rapport aux autres; elles font disparaître tous les monuments d'une religion antérieure; elles n'aiment point le passé d'une nation; elles n'aiment que le présent où elles règnent, et l'avenir qu'elles veulent s'assurer. Tout tombe alors sous leurs coups, édifices, statues, peintures et sculptures, livres ou manuscrits de toute sorte. Ce n'est qu'après l'époque d'enfantement et d'efforts, quand elles sont assises et bien affermies, qu'elles recherchent par curiosité ce qu'auparavant elles détruisaient par crainte. Une grande cité

---

(1) D'Orbigny, voyag. dans les deux Amériq., t. 1, p. 85.

s'élevait au Mexique près de la ville actuelle de Tezcuco ; c'était *Alcolhuacan,* la ville savante, la ville de l'enseignement et des écoles, la plus savante du Mexique. Là, Zumarraga, premier évêque chrétien de Mexico, se conduisit comme le calife Omar en Egypte; il fit un vaste auto-da-fé des bibliothèques et des musées, des tableaux et des peintures qui ornaient ce sanctuaire de la science indigène. Tout autour encore, ce n'est qu'un triste amas de ruines, de téocatlis en briques, de palais démolis, d'idoles brisées. Les Espagnols n'épargnèrent rien. Seul un aqueduc est debout et il donne de l'eau à leur ville nouvelle, constatant la vieille industrie mexicaine à côté de leur vandalisme et de leur fureur.

Quand on songe à tous les arts divers qu'exige la seule construction d'un édifice, surtout comme celui de *Palanqué,* on accepte parfaitement les descriptions que nous ont laissées du palais de Montézuma les compagnons de Cortez et Cortez lui-même, les mille chambres dont ce palais se composait, la salle des réceptions pour trois mille personnes, les sculptures, les marbres fins et rares, l'or partout, le sérail pour les femmes, la maison de campagne, le bois clos pour les chasses, les jardins où l'on cultivait des herbes odoriférantes et des plantes médicinales. On étudiait la médecine et l'astronomie. La grande ménagerie du palais contenait les espèces les plus belles du règne animal, fort bien classées. Les Mexicains connaissaient l'année solaire de 365 jours. Leur grand calendrier a été retrouvé en 1790 dans les fondations du temple de *Mexitli* à Mexico, énorme pierre de porphyre que M. de Humboldt a vue (1), avec des sculptures en relief d'un fini parfait, et 12 pieds de diamètre, avec des cercles concentriques, des divisions et des subdivisions sans nombre, dont l'exactitude mathématique frappa le docte voyageur.

Les Aztèques, qui dominaient au Mexique sous Montézuma, étaient un peuple savant. Ils venaient peut-être de la Sibérie orientale et de la Mongolie,

---

(1) Alex. de Humboldt, voy. dans la Nouv. Espag., t. 1, p. 368.

par le détroit de Behring. Leur migration coïncide avec la chute des Tsin en Chine au commencement du XIII⁰ siècle, et leurs maisons étaient basses comme celles des Chinois ; peut-être aussi étaient-ils autochthones. Ce qui est incontestable, c'est qu'ils avaient une civilisation très avancée, et qu'elle était presque à son apogée. sous Montézuma. Ils se servaient de papier, fait de l'écorce du *Maquey,* comme les Grecs et les Romains se servaient du papyrus. Ils construisaient des cartes géographiques de leur pays, et on a découvert des plans de plusieurs de leurs villes. Il y avait à Mexico des boutiques où on vendait des remèdes, et des établissements publics où on les donnait. Sur les marchés on voyait des inspecteurs des poids et des mesures. Les Espagnols virent briser des mesures fausses. Douze magistrats, dans une espèce de forum, jugeaient les différends. On remarquait aussi des asiles publics pour les monstruosités humaines; charité, ou curiosité. L'industrie des fleurs était poussée très loin. Le lac de Tezcuco disparaissait sous un manteau de fleurs et de jardins flottants.

Fernand Cortez détruisit tout. Charles-Quint, prince éclairé et plus humain, le gronda, le maltraita et le reçut mal.

L'art n'était pas moins en progrès : avec des plumes de diverses couleurs, coupées en morceaux minuscules et collées sur des feuilles préparées de *Maquey*, les Mexicaius formaient des mosaïques admirables, des tableaux pareils aux mosaïques romaines ou à celles de Venise, et qui étonnèrent prodigieusement les conquérants espagnols. Robertson nous dit que la première députation, envoyée par Montézuma à Fernand Cortez, était accompagnée de peintres, qui dessinèrent à la hâte les armes, les chevaux, les canons des nouveaux-venus, leurs costumes aussi, leurs toques et leur figure, et présentèrent ces dessins à leur maître (1).

Il vint, à son tour, ce maître majestueux et superbe, devant lequel chacun baissait les yeux quand il passait; il vint, porté en litière par des *caciques*, la couronne en tête avec des plumes

---

(1) Robertson, hist. des deux Amériq.

magnifiques, le teint olivâtre et la barbe clair-
semée comme ses sujets, revêtu des plus belles
étoffes de coton, du *Maxtlatl* autour des reins, du
Timatli sur les épaules, avec des guerriers, dont les
lances avaient des piques d'or, avec quelques dames
au loin, ornées du *Cachitl* autour de la taille, de
longs bijoux aux oreilles et aux poignets, et, sur
leurs cheveux noirs, des plaques d'or et des pana-
ches. Fernand Cortez eut permission d'entrer à
Mexico, pacifiquement, comme ministre de Charles-
Quint et chargé de nouer des relations, les premières relations, entre le Mexique et l'Espagne,
entre le Nouveau-Monde et l'Ancien (1).

---

(1) B. Diaz, ch. XXXIX ; Gomara, chron. ch. XXVII.

IV

FERNAND CORTEZ ATTESTANT LA CIVILISATION AVANCÉE DU MEXIQUE

LES lettres de Cortez à Charles-Quint sont dans tous les auteurs. Elles sont enthousiastes sur Mexico, la ville aux grands lacs, sillonnés de mille embarcations d'approvisionnement ou de plaisance ; des jardins suspendus sur les eaux, des digues, des ponts, des chaussées immenses, avec des champs fertiles à l'entour, où l'on cultivait le maïs, la chia, le froment, le haricot, le cacao que les Espagnols devaient faire goûter à l'Europe, le caféier, le maquey surtout, qui donne, par sa tige, un bois brillant, par ses feuilles filamenteuses des vêtements et des cordes, par ses épines des aiguilles, et, par sa sève, du vin et du miel. L'ébahissement de Cortez fut bien plus grand, quand il vit l'intérieur de la ville, les soixante mille maisons basses comme celles du Cambodje ou du Gange, mais une ville animée, peuplée d'ouvriers de toute sorte, orfèvres, tailleurs, tisserands, teinturiers habiles, manufac- turiers dont les tissus de coton, rehaussés d'or, émerveillèrent les Espagnols. » « *Aqui joyas,* écrivait Cortez à Charles-Quint, *como en tojo-* » *clos, y hojas de oro y plata, y otras cosas de* » *las que ellos tenian,* etc..., ici on trouve des » joyaux, des objets d'art en or et en argent, et une » foule d'autres choses rares, etc... » Des marchands juifs, qui se hâtèrent de venir au Mexique, virent, entre les mains d'un dominicain, une idole faite d'une seule émeraude et fort bien travaillée. La religion servait aux arts, comme dans l'antiquité grecque et latine, comme chez nous aussi, et ce bijou sacré donnait la mesure des progrès artisti- ques du Mexique. Les juifs ne purent montrer à l'Europe cette précieuse curiosité, le moine l'ayant brisée par mépris : mais les historiens en parlent.

Ce qui est certain aussi dans un ordre d'idées différent, c'est que, un peu plus tard, Fernandez, médecin
de Philippe II, chargé d'examiner les connaissances
médicales des Mexicains, enregistra 1,200 plantes
médicinales et autant de substances minérales, parfaitement dénommées, dont leur thérapeutique faisait
usage ; sans compter un vrai jardin zoologique, 200
espèces d'oiseaux et 200 espèces d'animaux classés
et ayant leur nom. Ils n'avaient point de grands
animaux; ils ne connaissaient ni le cheval ni le bœuf :
mais l'ornithologie offrait des espèces merveilleuses,
et on sait ce qu'ils faisaient du beau plumage.

Ils étaient braves autant qu'industrieux. A la
suite de longues guerres, où les Aztèques, tribu
dominante, avaient joué le rôle principal, Montézuma avait écrasé cinq ou six princes rivaux dans
le Mexique; il avait renversé les souverainetés
locales; il avait fondé l'unité politique du Mexique
et élevé, sur la base d'une hiérarchie sévère, un
empire immense, aussi grand que l'Europe, entre
l'Orégon au nord et l'isthme de Panama au sud,
touchant à toutes les mers, à l'Océan atlantique et

à l'Océan pacifique, et se creusant en cercle sur le golfe Mexicain, en regard de toutes les Antilles.

Montézuma était un souverain puissant; son nom était synonyme de *Justice sévère*. Il avait fait bâtir deux aqueducs en pierre, pour donner de l'eau à la ville. Il avait dix arsenaux, munis d'armes richement travaillées. Ses gardes occupaient trente cours du palais, et il y en avait mille dans chacune. Tels, les Incas, les brillants souverains du Pérou à la même époque. Les flèches de ses guerriers, empoisonnées au suc du mancenillier, étaient aussi meurtrières que les armes européennes : mais les Européens, ces hommes bardés de fer, montés comme des tours sur de grands chevaux; ces chevaux rapides, fougueux, hennissant d'une façon terrible et les yeux étincelants; ces armes à feu surtout, ces fusils, ces canons qui vomissaient la flamme et la mort avec un bruit horrible, ces lances en fer, meilleures que les leurs, car les Mexicains ne travaillaient pas le fer, race un peu molle peut-être et indolente, se servant de prisonniers de guerre et d'esclaves pour ses constructions gigantesques et se contentant de faire les décorations et les plans : voilà ce qui vainquit l'innombrable population du Mexique.

Les mœurs n'y étaient peut-être pas très bonnes non plus, malgré les sévérités de la religion et l'austérité des maximes pédagogiques. S'il faut en croire Robertson, les maladies syphilitiques, fruit honteux de la débauche, faisaient des ravages parmi les Mexicains. Les Espagnols de Cortez, tristes modèles vraiment de pureté et de vertu, prirent ces maladies et les transmirent. La syphilis nous serait donc venue de l'Amérique comme la lèpre nous vint de l'Asie. Un autre savant le Dr Forget, dans l'excellent Dictionnaire de la Conversation, combat Robertson, et se pose en champion du Mexique contre l'Espagne. Selon lui, c'est l'historien Oviédo, l'un des satellites de Cortez qui a calomnié les Mexicains. Les Espagnols n'ignoraient aucune maladie. Il y a des traces de syphilis dans l'antiquité Judaïque; Hypocrate semble aussi la décrire. Les Italiens de 1494 accusaient de cette importation les Français qui avaient envahi l'Italie, et ils appelaient cela le *mal français*. Les Français ripostaient en l'appelant le *mal napolitain*. Tous les peuples en rougissent et tous se le renvoient. Ce qui est vrai, c'est que l'époque de Fernand Cortez et de la conquête mexicaine, coïncide avec une extension prodigieuse de cet abominable fléau (1).

Mieux vaut chercher des causes plus sûres d'infériorité et de ruine : les attaques subites et déloyales, la perfidie chez les conquérants, une stratégie savante, une discipline plus forte, un courage centuplé par l'avidité, une confiance qui devenait de l'audace; et, chez les Mexicains, des paniques fréquentes, des débandades affreuses, des prophéties désespérées auxquelles Montézuma croyait, quoique les prêtres s'y arrêtassent beaucoup moins.

---

(1) Robertson, hist. d'Amérique, p. 625. Le Dictionnaire de la Conv. art. *Syphilis*, prétend le contraire.

On a d'Oviédo, une *Histoire générale et naturelle des Indes Occidentales*, pleine en effet de calomnies.

V

LES PRÊTRES, DERNIERS DÉFENSEURS DU MEXIQUE

CE sont les prêtres en effet qui amenèrent les suprêmes résistances et les derniers soulèvements. Lorsque Fernand Cortez, avec une poignée de soldats, eut enlevé en traître, dans son propre palais, Montezuma dont il se disait l'ami, le grand-prêtre aussitôt, dans le temple du dieu de la guerre, frappa à coups redoublés le grand tambour des batailles ; il marcha lui-même, et ses acolytes le suivirent ; il arbora la pique surmontée d'une aigle cramponnée à un jaguar, qui était l'étendard national, et des nuées de guerriers, couverts de casques à figures d'animaux, s'élancèrent de tous côtés contre les Espagnols qu'on avait reçus dans la ville et qui tenaient le sultan captif : la *noche triste,* ou terrible, commença pour Cortez. Ses compagnons Vélasquez et Léon furent tués; Alvaredo, l'intrépide Alvaredo, dont la valeur était légendaire, fut obligé de franchir, pour se sauver, une longue digue rompue, qui s'appelle encore le *saut d'Alvaredo.* Les canons, les chevaux, tout fut perdu. Le lendemain Montézuma, en voulant se montrer à une croisée pour apaiser le peuple, fut blessé et ne tarda pas à mourir. Cortez fut pris un instant, lui-même, par des Mexicains déguisés en suppliants. La ruse se joignait au courage. Ce fut une horrible mêlée. Les Espagnols furent chassés de la ville.

Lorsque le même Cortez s'empara de l'étendard national, du palladium mexicain, et gagna inopinément, hors des lacs, hors de l'enceinte de Mexico, une sanglante victoire, ce sont les prêtres encore qui armèrent un prince de 24 ans et neveu de Montézuma, Guatimozin ou Montézuma II; ce sont eux qui proclamèrent la guerre, en annonçant que jamais Montézuma n'avait voulu adopter le culte des oppresseurs. Ni les Tlascaliens, sujets jaloux et rebelles, ni les Caciques puissants de Zampalla et de Tabazco, représentant la féodalité mexicaine, hostile au suzerain, ni la maîtresse de Cortez, la *Mariana*, fille d'un Cacique et qui connaissait suffisamment l'epagnol pour servir d'interprète et parfois de médiatrice; ni un furieux assaut de Cortez à la ville, ne purent décourager l'opiniâtreté sacerdotale et le patriotisme qu'elle inspirait. Cortez fut même pris, pour la seconde fois, par six Mexicains qui l'emmenaient en triomphe, et il serait resté dans leurs mains, sans deux de ses officiers, qui, à coups de sabres, à coups de mousquets, firent lâcher prise aux ennemis. Les Mexicains soutinrent le siège avec énergie. Il fallut plus de deux mois, 75 jours, pour se rendre maître de Mexico. Guatimozin se sauva à travers les lacs, mais pour aller dans le haut pays et continuer la guerre sainte. Malheureusement il fut reconnu. Le major Sandoval, qui le guettait, courut sur son brigantin, et il le prit avec sa femme et ses enfants, dont l'un était la jeune *Tehuicpoczim*, de laquelle les Miravalle et notre Carmen descendaient.

Alors Mexico fut détruit, autant du reste par les Indiens des deux Caciques que par les Espagnols; alors Cortez, malgré le dominicain Barthélemy de las Casas, qui fut le premier évêque de Chiapa, mit tout à feu et à sang, ne laissant rien subsister de l'industrie et des monuments du Mexique, et se vengeant par la dévastation d'une longue et glorieuse défense. Le pieux et très humain Religieux nous a raconté tristement cette chute d'une nation et ces grands carnages, dans l'ouvrage déjà cité, qui lui fait tant d'honneur.....! Les églises remplacèrent les *Téocatli*, les ministres du Christ succédèrent aux prêtres de *Taotl*, dieu suprême des Indiens; les statues de la Vierge et des saints prirent la place des idoles, et l'on vit des figures bénignes où n'étaient que l'épouvante et l'horreur. L'humanité y gagnait certainement, mais par quelle route inhumaine on arriva à cette plus douce religion ! Que de trésors d'intelligence, amassés par des siècles de travail personnel et d'industrie indigène périrent sans retour ! La civilisation européenne absorbait cruellement la civilisation très originale des Indes, au lieu de la développer en y mêlant d'autres éléments. Mais les choses ne se font pas ainsi dans l'histoire, et les civilisations ne nous apparaissent que comme des ruines sur des ruines (1).

---

(1) Voir le récent ouvrage du voyageur Lucien Biard, « *A travers l'Amérique,* » couronné par l'Acad. fr. Il y a dans la *France littéraire* de 1835 trois excellents articles de M. Dagorn, officier de marine, sur l'ethnographie et la civilisation du Mexique, janv. fév. et mars.

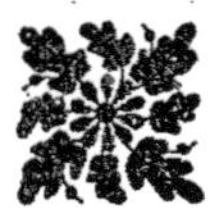

VI

MINES D'OR ET D'ARGENT DU MEXIQUE

C'EN était donc fait, l'Espagne de Charles-Quint, représentant les races européennes et chrétiennes, était maîtresse du Mexique, comme elle le fut peu après du Pérou et de l'Amérique centrale! La population indienne fut dépouillée ou décimée. Sa condition fut très voisine du servage, jusqu'au moment où la métropole envoya des nègres et des négresses en Amérique pour le travail des terres et des mines. Les Indiens devinrent libres peu à peu, sans être plus fortunés ni plus heureux. Ils se montraient parfois encore, dans les villes et dans leurs montagnes, avec les robes de coton de diverse couleur et leurs coiffures à plumage : mais ce costume

national, porté avec fierté, ne rappelait à leur dépit
que leur liberté perdue et leur splendeur éteinte. Ils
ne marchaient qu'au milieu des débris de leur passé,
débris immenses dont le sol était jonché; absolu-
ment comme les tronçons brisés des colonues et des
statues grecques après la conquête des Turcs, ou
comme les monuments romains après le passage des
Vandales.

La religion indigène disparut aussi ; elle eut
le même sort que les temples qui la figuraient,
et que toutes les œuvres de l'art mexicain, remises
en honneur aujourd'hui par des fouilles savantes.
Des seigneurs, des princes du pays, amis de Cortez,
Ixtlilxochitl, roi de Texcuco, et quelques autres,
allèrent au-devant de ses désirs par des conversions
prudentes, et entraînèrent leurs sujets. Ce vassal de
Montézuma devint même l'historien de la patrie
agonisante; c'est lui qui raconte avec détail la mort
terrible de Guatimozin, pendu à l'âge de 25 ans,
mis d'abord sur des charbons ardents : « Et moi,
suis-je sur un lit de roses!

Les prêtres et les Religieux ne manquaient pas en

Espagne. Il en vint une nuée au Mexique. Les paroisses se formèrent, des pèlerinages et des couvents s'établirent. Des évêchés nombreux déterminèrent les divisions religieuses et souvent politiques du pays. L'Eglise se constitua ; elle prit possession de ce continent. L'Inquisition veilla sur tout cela, sur les écoles qui se créèrent, sur les séminaires où s'enseigna la nouvelle science sacrée ; et c'est avec raison que le Mexique fut appelé la Nouvelle-Espagne : aucune colonie ne ressembla davantage à la Mère-patrie ; aucune, non plus, ne l'admira davantage. A toutes les époques, même après le XVIe siècle, après le siècle incomparable de Charles-Quint et de Philippe II, l'Espagne fut le point de mire des colons du Mexique, le type de la gloire, de la grandeur et du génie. Le Mexique fut plus qu'un admirateur de l'Espagne, un admirateur obstiné, alors même que celle-ci, dans les siècles suivants, était en décadence ; il fut un auxiliaire. Quand les mines fameuses du Potose ou du Pérou, s'épuisèrent, celles du Mexique, se multipliant en quelque sorte sous la pioche intrépide des grands chercheurs du 18e siècle, des Obrégon, des Régla, des Bustamenté, des Fagoaga, des Zuniga, des Parodi ou Pédro Médellin, fournirent des sommes énormes à la Cour de Madrid. Le revenu annuel pour le Gouvernement était, suivant M. de Humbold, de 23 millions de piastres, près de 47 millions de francs. Zuniga, ancien muletier devenu capitaine, et ayant vendu ses mules de transport pour acheter deux mines, était si riche que, lorsqu'il se présentait chez le vice-roi, nommé Iturrégaray, au jour de grand baise-mains, après 1789, « ce n'est pas vous, disait-il, que je viens voir. Je » suis un barbare, et ne sais pas faire ma cour. Je » ne viens voir que votre fille. » Et il offrait à celle-ci un mouchoir rempli de bijoux d'or (1). Régla, avant cette époque, fit présent au roi d'Espagne Charles III, bienfaiteur de l'Amérique, de deux vaisseaux de guerre, dont l'un était de 112 canons, et il lui prêta 4 millions, qu'il ne réclama jamais (2).

---

(1) Voyag. du naturaliste Alcide d'Orbigny, en Amériq. T. 1er, p. 435 et suiv.

(2) Ibid. Confédération mexicaine.

Il y avait 20 mines d'or ou d'argent excessive-
ment riches à Guanaxuato; 15 à Zacatecas, 30 à
San-Louis de Potosi, 37 à Guadalaxara, 60 à
Durango, 58 à Sonora, 28 à Valladolid du Mexique,
16 à Oaxaca, 10 à Puebla, 4 à Vera-Cruz; tout
cela bien compté par le docte voyageur d'Orbigny,
après M. de Humbold (1). La découverte des mines
était ancienne déjà, et leur quantité innombrable.

Quelle colonie que la colonie du Mexique, et deux
ou trois fois la grandeur de la France ! Quel port
que celui de Vera-Cruz en regard de l'Europe, avec
Ulloa pour le défendre, et celui d'Acapulco, en
regard de l'Asie et de l'Océanie sur le Pacifique !
Quelle attention ne fallait-il pas de la part des
Espagnols pour conserver ces biens, surtout à la
fin du 18e siècle, lorsque les États-Unis s'étaient
rendus indépendants de l'Angleterre, et que les
Mexicains eux-mêmes, sous Charles III, allié de la
France, avaient par leurs vaisseaux, par leur argent,
aidé à les affranchir ! L'exemple était contagieux

---

(1) Ibid.

pour les 8 millions d'habitants du Mexique, Indiens ou population primitive, et Créoles ou descendants des anciens colons, les uns et les autres nés dans le pays, et, à des titres divers, autochthones. L'aristocratie créole était fort riche. Il y avait des seigneurs dont les domaines équivalaient à 1/4 de la France; ils possédaient des provinces entières, couvertes de fermes, *haciendas*, considérables, où paissaient des milliers de moutons, plus que cela, des milliers de troupeaux. Le marquis El. Rajal ne connaissait pas sa fortune. Ses propriétés nourrissaient trois millions de têtes de bétail; il envoyait tous les ans à Mexico 30,000 moutons (1).

La famille Miravalle avait, elle aussi, des domaines immenses : celui de Colorado sur l'Océan, grand comme une province et où ses vassaux pêchaient la perle; ceux de Myro et de Encarnacion; sans compter l'hôtel qu'elle possédait à Mexico, dans la rue du Saint-Esprit, et qui était le plus beau de la capitale, une demeure toute princière où les

______

(1) Arch. de la famill. Liasse 22. Voir aussi d'Orbigny, et M. de Humbold.

ambassadeurs, les ministres, les voyageurs de distinction étaient reçus. On y donnait des fêtes aux vice-rois de la Nouvelle-Espagne, qui étaient très heureux d'entretenir de bons rapports avec ceux qui représentaient noblement l'ancien empire mexicain !

Deux dévotions à la Vierge, et presque deux Vierges distinctes par les préférences des pèlerins, se partageaient le zèle ardent des colons, la Vierge *de Guadalupe*, et la Vierge de *los remedios*. Elles complétaient l'assimilation religieuse avec la Mère-patrie. Le soin scrupuleux de maintenir intacte et pure la langue espagnole, qui était le vrai *parler chrétien, que es hablar cristiano,* rendait plus parfaite encore cette image éloignée de l'Espagne, et, comme à Séville, à Grenade, à Cordoue, sous les balcons et les ombrages, aux chants pieux se mêlaient, animées et brûlantes, les poésies d'amour.

VII

LES CLASSES ET LES RACES AU MEXIQUE

D_{ANS} le même culte et la même foi vivaient donc côte à côte, au Mexique, les deux grandes races du pays, que tant de souvenirs séparaient, celle qui n'avait plus rien et celle qui avait tout. D'une part, c'étaient les Indiens, cultivateurs ou mineurs, parmi lesquels se détachaient, un peu mélangés, les *leperos,* à demi-sauvages, à demi-nus, avec leurs vieux manteaux roulés autour du corps, effroyable prolétariat. D'autre part, c'étaient les *Conquistadores,* les vainqueurs, avec leurs culottes de peau de couleur, fendues au genou entre des galons et des boutons d'argent ; avec la veste courte et la *manta* galonnée d'or ; avec leurs cothurnes de 40 piastres, à jarretières ornées et à bandes de peau travaillées en relief, puis le large sombrero, bordé d'or ou d'argent, avec des ganses et des boucles d'or ; puis encore leur cheval resplendissant, couvert de la haute selle à oreillettes de soie et or, à étriers d'argent, ou doublés de belle étoffe, pour recevoir, comme en un tabouret, leurs pieds rehaussés d'éclatants éperons.

La différence était grande, et la disproportion bien marquée ; les Créoles avaient à se louer de leur existence. Cependant, qui le croirait? ils n'étaient pas plus contents que les Indiens. Si leur bien-être était certain, ainsi que leur noblesse, il n'en était pas de même de leur considération, de l'estime qui accompagne la capacité et l'intelligence. « *Eres criollo, y basta*, leur disait-on, *vous êtes* » *créole, et c'est assez*, » c'est-à-dire vous êtes nul. « Tant qu'il restera un muletier dans » l'Andalousie, ou un savetier dans la Castille,

» cela suffira pour gouverner l'Amérique (1). »

Voilà le cas qu'on faisait des Mexicains, et ces insultes partaient de l'entourage des vice-rois, des membres de l'*Audience* ou conseil de gouvernement, des intendants qui régissaient et pressuraient les provinces ; des fonctionnaires de toute sorte que la Métropole envoyait, douaniers, magistrats, gens du fisc, des compagnies commerciales et des monopoleurs, de l'armée, de l'administration sous toutes les formes, de cette population, d'employés à la fois flottante par les fonctions et éternelle par le renouvellement, essaim dévorant d'oiseaux de proie, orgueilleux, rapaces et que les vice-rois protégeaient ; elles partaient en en mot de ceux que, par opposition aux Américains, on appelait *Européens*. La plupart étaient Espagnols, et il s'y mêlait, pour les faire plus exécrer, quelques Français, que l'amitié des Bourbons y attirait.

Les Français, surtout ceux du 18ᵉ siècle, étaient peu aimés au Mexique. Les prêtres les tenaient en

---

(1) *Univers*, Hist. du Mexique, d'après les inscriptions et les monuments, par M. de La Renaudière, pag. 155.

suspicion. Ils les confondaient avec les Anglais, avec les Maures avec les Huguenots et les Juifs, avec les Novateurs de tous les siècles. Ils ne voyaient que Voltaire dans les Français, et ils frappaient d'interdit tous les livres de France. Les Français étaient des hérétiques, et il fallait les fuir. Défense aux Créoles de quitter le Mexique sans permission, défense d'importer à Vera-Cruz ou ailleurs les productions diaboliques de l'Europe.

La précaution était inutile. N'avait-on pas en Amérique, dans le voisinage des Mexicains, tous les systèmes, toutes les idées, toutes les théories politiques et religieuses qu'on peut imaginer, et qui se donnaient carrière aux États-Unis, insoucieuses, libres, appliquées, passant de la conception à la pratique et du rêve à la réalité ? N'avait-on pas, avant Voltaire et avant notre Révolution, *les Droits de l'homme*, pour encourager les Indiens, la liberté religieuse pour exciter les penseurs, le principe enfin de la Souveraineté nationale pour enflammer les politiques et fournir peu à peu aux colons de l'Angle-terre de hardis imitateurs ? Les idées françaises n'étaient pas plus méchantes que celles des États-Unis ; elles n'étaient pas moins inévitables. Elles s'infiltraient dans le Mexique comme l'eau des torrents pénétrait dans le sol.

Les familles se barricadaient contre cette invasion. Les femmes surtout, plus empreintes de foi, étaient terribles. On cite don José Rojas, dénoncé à l'Inquisition par sa propre mère, comme possédant un livre de Rousseau, et forcé d'émigrer pour échapper aux tortures. Mais ces Spartiates de la foi chrétienne n'étaient pas suivies par leurs maris. M. De La Renaudière, qui nous donne ce détail dans son *Histoire du Mexique*, dit que les Créoles de rang élevé se souciaient fort peu de l'Inquisition. On trouvait dans leurs bibliothèques les œuvres des philosophes anglais et français. Les brochures politiques les plus étranges n'y brillaient pas par leur absence, et un parti révolutionnaire, aussi dangereux qu'un parti religieux, s'agitait dans l'ombre, n'attendant que l'occasion pour paraître au grand jour (1).

______

(1) M. De La Renaudière, ouv. cité, p. 166.

VIII

MOUVEMENTS SÉPARATISTES PAR RAPPORT
A L'ESPAGNE. — RÉVOLUTION 1808-1821. —
HIDALGO, VITTORIA, MINA, ITURBIDE.

CETTE occasion, ce sont les Français qui
l'offrirent en 1808; au point de vue d'une
révolution, pareille à celle des Etats-Unis, il ne pouvait rien arriver de mieux. Se séparer tout d'un coup
de l'Espagne, de la vieille mère du Mexique, s'affranchir brusquement des liens de famille et de race,
que les siècles avaient formés, aurait effrayé les
Mexicains. Il y avait un patriotisme espagnol à
Mexico, presqu'autant qu'à Madrid. Il fallait se
garder de le heurter. Les meneurs devaient faire
attention. L'idée de séparation ne devait se montrer

qu'avec prudence. Mais rester fidèle à l'Espagne, lorsque celle-ci, en 1808, allait être conquise par les Français et que les rois Charles IV et Ferdinand VII étaient prisonniers en France ; continuer de la servir, lorsque Napoléon et son frère Joseph avaient fait leur entrée à Madrid, et qu'on avait affaire, non plus à des Bourbons, mais à des Bonaparte, était chose impossible aux Mexicains. Ni les créoles ni les Européens n'en voulaient. On s'arrachait les Gazettes de Cadix qui en apportaient la nouvelle. « Il s'est formé » une junte espagnole à Cadix, s'écria-t-on de toutes » parts, une assemblée nationale de l'Espagne, dans » ces critiques moments. Il en faut une à Mexico. » « Non, non, répondit l'Audience ; non, répondit le » féroce Bataller, le bailli Gessler du Mexique ; » l'Audience suffit. Une junte serait une révolution » dans le pays ».

Les *Européens*, c'est-à-dire l'administration en majeure partie, étaient de son avis, et comme le vice-roi Iturrégaray penchait pour le mouvement mexicain, ils le saisirent dans son lit, ils l'amenèrent à l'Inquisition comme un hérétique, et ils l'expédièrent ensuite à la junte de Cadix. L'armée était pour les Européens, et tout le vaste réseau des fonctionnaires. Ils avaient trouvé, pour faire l'intérim, un prélat populaire, l'archevêque Lizana, qui obtenait ce qu'il voulait de la Madone de Guadalupe. Ils payaient d'audace et n'avaient point peur.

Mais alors les créoles et les Indiens remuèrent; les deux races opposées menacèrent de faire alliance. Le cri suivant : « nous sommes seuls la nation » mexicaine, et à bas les Espagnols ! » retentit dans tout le Mexique et fut répété par mille voix. La Valladolid mexicaine devint le foyer des conspirations. Des prêtres mêmes, héritiers de ceux qui avaient été autrefois le fléau des indigènes, excitaient les Indiens et les armaient. L'un d'eux, Iturriaga, tombé malade et près de mourir, dévoila le complot à son confesseur, en l'autorisant à en parler. L'Audience envoya des troupes, et le sang coula à Valladolid.

De 1809 à 1810, la terreur régna au Mexique. Le nouveau vice-roi, Vénégas, nommé par Cadix, renchérit sur les sévérités. Mais le feu avait couvé sous la cendre ; un créole d'un beau nom, un prêtre, un curé très connu et très aimé, de la paroisse de Dolores, Hidalgo, le ralluma dans la riche province de Guanaxuato. Il cria : Vive Ferdinand VII ! mais il cria aussi, avec une exagération habile : « mort » aux *Européens*, aux propriétaires de sucreries, de » hautes charges et de mines, qui nous livrent aux » Français ! » Il se voua à la Vierge de Guadalupe. Il eut beaucoup de créoles ; il eut 25,000 Indiens. Il prit une ville de 60 mille âmes, Guanaxuato ; il fit irruption dans les établissements des *Européens*, c'est-à-dire des Espagnols, pilla tout, égorgea tout, partagea les propriétés, gorgea d'or ses soldats et eut une caisse militaire aussi bien fournie que celle de l'Etat. Il s'approcha de Mexico avec le brave Serrano que nous retrouverons, et Mexico trembla, et Vénégas désespéré offrit son bâton de commandement à la Vierge rivale de *los Remedios*. Vénégas sauva Mexico. Il battit, il dissipa les bandes du prêtre guerrier ; il se saisit d'Hidalgo par trahison en 1811, et il le fusilla sans merci.

Mais un autre prêtre, Matamoros, se leva; Morelos, lieutenant d'Hidalgo, rallia les troupes, il en eut de nouvelles et il les commanda. Après des exploits sans nombre, à Puebla, à Vera-Cruz, à Acapulco, à Palmar, Matamoros fut pris à son tour et il tomba aussi, fusillé.

Morelos, le héros de tant de batailles, ne fut pas plus heureux à Tesmalaca. Après la belle défense de Cuantla, après avoir fait proclamer, en 1813 et le 13 septembre, l'indépendance du Mexique par le Congrès de Zitacuaro, il fut pris également en 1815, et, cette fois, jugé dérisoirement par l'Oïdor Bataller. « Seigneur mon Dieu, s'écria-t-il après » la condamnation, si j'ai bien fait, tu le sais, » et tu m'en récompenseras. Si j'ai mal fait, je » recommande mon âme à ton infinie miséricorde ». Puis, se bandant lui-même les yeux, il tomba sous le plomb ennemi.

Tout ce sang des patriotes ne fut qu'une semence de martyrs, Teran, Bravo, l'avocat Rayon, Vittoria surtout, qui avait pour prénom Guadalupe, relevèrent le drapeau de l'indépendance. Vittoria de

Guadalupe, à la passe abrupte de la Puente del Rey, prit des convois, battit les troupes, tint en échec longtemps les forces des vice-rois. Débusqué et forcé de fuir, il fut caché par les Indiens, comme autrefois, dans la Suède, Gustave Vasa errait de grotte en grotte et de village en village, chez les montagnards dalécarliens. Ainsi faisait Vittoria ; son salut tenait du prodige, et l'on cessa de le poursuivre, le croyant mort.

Mais en 1817, un jeune homme de 27 ans, neveu du fameux général Mina, de l'exterminateur des Français en Espagne, et qui avait la même intrépidité et le même nom, Xavier Mina, accourut de l'Angleterre où il était réfugié; il accourut avec 400 hommes, officiers castillans, anglais, français même, car il fallait tout accepter, et recommença la guerre. Il fit la guérilla; il fit aussi la grande guerre, mais toujours inférieur en nombre comme ses prédécesseurs et plus que ses prédécesseurs, il fut pris comme ceux-ci, lié, garotté, frappé du plat de l'épée par les vainqueurs, et fusillé à 28 ans, en disant que « tomber aux mains de ceux qui ne

» comprenaient ni la dignité du soldat, ni l'honneur
» espagnol, c'était être malheureux deux fois. »

Dès lors, jusqu'en 1820, le Mexique lui-même parut être tombé avec Mina. La junte patriote fut dispersée. La forteresse de los Remedios, centre pieux dont les insurgés étaient maîtres, fut prise, la madone fut en quelque sorte délivrée, et un Te Deum fut ordonné par le vice-roi triomphant dans toutes les églises. Il n'y avait que deux points noirs à l'horizon, deux taches de sang sur le drapeau royaliste : la fusillade des blessés dans l'hôpital de Sombrero, et le massacre des femmes sur le Mont Sacré de los Rémédios (1).

Les créoles étaient furieux : mais ils rongeaient leur frein dans l'impuissance ; Vénégas était bien servi. L'homme le plus habile et le plus intelligent du Mexique, un des plus riches aussi et créole comme lui, Iturbide de Valladolid était depuis 1810 l'instrument de ses succès et le principal auteur de sa gloire. Vénégas comptait sur lui et dormait tranquille.

---

(1) Pour tous ces détails, La Renaudière, ouv. cité, de 130 à 200, et Robinson, mém. sur la Révol. mexic.

C'est celui-là précisément qui fit défaut le premier. Il quitta Vénégas, au plus fort de sa sécurité, en 1820, et la Révolution, comme une traînée de poudre, se raviva partout. Vénégas méprisa d'abord ce nouveau mouvement : mais l'armée créole et l'armée indienne, parfois séparées jusque-là, cimentèrent leur union, à la voix d'Iturbide; les généraux Négrété, Guerrero, Barragan, et enfin Vittoria, sorti des forêts et retrouvé, se joignirent à lui avec leurs bataillons de patriotes, et ensemble en 1821, profitant du rappel de Vénégas que la Cour de Madrid taxait de négligence, ils proclamèrent l'indépendance du Mexique, la suppression de toute distinction entre les Américains et les Européens, l'égalité complète des Mexicains, quelle que fût leur qualification, quelle que fût leur couleur. Le Mexique ne voyait dans tous que des citoyens. La loi ne s'arrêtait plus aux bizarreries de la nature ou aux barrières de l'orgueil humain (1). Un Congrès

(1) Arch. de la famille, Liasse, n° 12, généalog. et alliances. Voir aussi les auteurs précités, et Cantu, qui parle de Barragan, *Hist. Univ.*

devait sanctionner ces réformes, et l'armée libérale s'avançait vers Puebla de los Angeles, vers la Ville sainte du Mexique, pour faire ensuite son entrée à Mexico et mettre le sceau à son triomphe.

IX

LA FAMILLE DE CARMEN OU LES MIRAVALLE PENDANT LA RÉVOLUTION. POÉSIES DE CARMEN.

Une famille des plus anciennes et des plus respectées, patriote et républicaine, voulant l'autonomie et l'indépendance du Mexique, la famille de Miravalle, n'avait pas été des dernières à acclamer l'heureuse révolution, qui semblait aussi un temps d'arrêt pour la guerre intestine. Négrété, Guerrero, Barragan, celui-ci surtout, étaient de ses amis. La comtesse de Miravalle, belle, instruite, distinguée, d'un regard singulièrement vif sous son teint brun et coloré, avec son magnifique collier de grosses perles noires que l'on conserve toujours dans

MARIA DE LAS ANGUSTIAS DE CASASOLA
COMTESSE DE MIRAVALLE

MARIA DE LAS ANGUSTIAS DE CASASOLA
COMTESSE DE MIRAVALLE

la famille, était à peine âgée de 40 ans. Elle portait encore le deuil de son mari, deuil glorieux, car le Colonel Cte de Miravalle y Montezuma était mort pour la cause commune, et une de ses filles, musicienne, poëte, belle aussi autant que lettrée, Carmen, chantait dans ses vers cette cause immortelle, que son frère Don José, officier d'avenir, servait. Carmen avait alors 17 ans, âge déjà avancé pour une fille du Mexique, où l'on était nubile à 12 ans. Elle était dans tout l'épanouissement de son génie et de sa beauté. Des Aèdes nombreux, les bardes nationaux, sortis du collége de Minerve à Mexico et que les évènements multipliaient, José de Garay, Manuel Mérino, Mario Andradé, célébraient cette délicieuse personne. Dans les salons, de la comtesse sa mère, au théâtre, aux anciennes réceptions des vice-rois, elle brillait; elle était le charme de toutes les réunions, d'autant plus qu'elle était bonne. Il y avait dans son esprit un mélange de mélancolie et de tristesse, comme un écho plaintif des premières Méditations poétiques de Lamartine, qui en 1821 occupaient la France et le monde. Elle faisait elle-même des extraits des poésies françaises, « *La chute des feuilles de Millevoie* », « *Pourquoi je pleure,* » etc. Elle les traduisait en vers espagnols, comme elle traduisait aussi les poésies italiennes, « *La despedida notturna* » par exemple, ou *Nuit d'Adieu,* » que Tato, recteur de ce collége de Minerve, avait composée (1), peut-être à son intention. Ainsi, autrefois en 1805, on avait traduit pour la comtesse sa mère, *para Señora la condesa de Miraballe,* le roman grec des « Amours de Héro et Léandre » (2).

C'était un milieu très intellectuel que le palais de la *Calle San-Spiritu* de Mexico. La danse, la musique, la poésie, tout y était en honneur et cultivé. Les hôtes de la maison donnaient l'exemple, et plus d'un Français, en lisant ceci, s'étonnera peut-être de ce mouvement littéraire et artistique au Mexique. L'art était partout, jusque dans les initiales des mots, dans les titres de composition, enjolivés en paysages, comme faisaient, dans leurs enluminures, les prin-

----

(1) Archiv. de la famill. nº 28, *poesia* et nº 20.
(2) Ibid. nº 29.

cesses allemandes dont parle Mme de Sévigné à la cour de Louis XIV. Les mœurs des grandes familles à Mexico avaient quelque chose d'antique, avec la vivacité et le goût des habitudes modernes. Autour de la comtesse, et parfois exécutés par Carmen, par sa gracieuse fille, on entendait les opéras les plus en vogue : Héloïse et Abélard; *Zémire et Azor* de Grétry, ou *Richard Cœur-de-Lion; Phrosine et Mélidor* de Méhul, ou *Joseph*, ou bien encore les chants patriotiques de Méhul, appropriés à la situation libre du Mexique, *le Chant de Victoire, le Chant du Départ*. Cette musique sentimentale ou guerrière plaisait. Plus tard, beaucoup plus tard, il n'y eut pas, jusqu'à une chanson française, « *Laure à son perroquet,* » chantée si agréablement par Mme Lafon au théâtre de Bordeaux, que Carmen ne cherchât à connaître et ne tournât elle-même en vers espagnols (1). Elle copiait, elle notait tout, quand elle y trouvait du goût, de l'originalité et de l'esprit. Nous lisons ceci dans ses extraits: « A

---

(1) Arch. de fam. n° 29.

» 20 ans, on dévore les plaisirs ; à 30, on les goûte ;
» à 40, on les ménage ; à 50, on les cherche ; à 60,
» on les regrette ; » et ceci encore : « Ne nommez
» pas votre conquête, amants heureux et délicats ;
» pour elle, quand elle est honnête ; pour vous,
» quand elle ne l'est pas (1). »

A cette époque brillante de 1821 où tout était joie et espérance au Mexique, elle ne pensait pas que de bonne heure elle verrait Bordeaux, qu'elle n'était pas très loin de le voir, et de faire ce voyage. « Vous êtes une divinité, *Carmen diva,* lui
» disait Mérino dans son enthousiasme ; venez,
» vierge pure, *Carmen pura, virgen pura.* Faites-
» nous entendre votre voix, *de tu voz la armonia;*
» montrez votre divin sourire et la magie de vos
» regards (2). »

Et maint poëte, maint seigneur, inspiré par l'amour, lui donnait belle sérénade sous le balcon de son hôtel, dans le mystérieux silence d'une nuit étoilée. En réponse elle composait des sonnets qu'elle leur

---

(1) Liasse 32.
(2) Nº 28, *poesias,* voir aux pièces justif.

lisait; des apologues, tels que « *Las rosas entre azucenas,* les roses parmi les lys, *que, en vistosa competencia, mas brillantes parecian,* qui entremêlées, paraissaient plus brillantes à tous les yeux, mais qu'un ouragan sans pitié vient détruire, et leur entrelacement ne les sauve pas, *asi enlaçadas murieron* (1). C'étaient ensuite des dixains, *decimas;* des élégies et chants funèbres, *endochas,* sur la mort prématurée d'un jeune seigneur, sur une infortunée, *la infausta;* ou des vers pour la danse, *versos boleros.* C'était aussi une réponse en vers à ceux qui la trouvaient inconstante et qui ne pouvaient fixer son cœur (2), lui ayant pourtant, sur le soir, fait entendre une ardente élégie : « Ma voix, dans la nuit
» obscure, *una voz en la noche oscura,* te dit, quand
» elle chante, *te dice quando canta :* Viens pour me
» voir, viens donc, mon adorée, *ven, ven a verme,*
» *mi prenda adorada* (3). »

Un sentiment ne variait pas chez sa mère, ni chez

---

(1) Arch. nº 20, pièces justif.}
(2) Arch. nº 29, pièces justif.} Poésies de Carmen.
(3) Ibid.

elle, pas plus que dans le cœur de Barragan leur ami, c'était le dévouement à la République mexicaine, l'amour de la patrie, indépendante et libre. Les premiers vers sur Iturbide libérateur furent de Carmen. « Dieu, disait-elle, dans la personne d'Itur- » bide a brisé nos fers, *in Iturbide rompio nuestras cadenas* (1).

La comtesse de Miravalle fit plus... Mais Iturbide n'attendit pas ce que préparait la généreuse et noble dame. Il connaissait la composition de son armée; il connaissait les 25,000 *leperos*, troupe déguenillée, levée autrefois par le prêtre Hidalgo et renouvelée par ses successeurs; il pensait qu'il aurait de la peine à contenir, à Mexico, leurs instincts féroces et spoliateurs : mais il voulut que les biens de la comtesse de Miravalle fussent épargnés. Une proclamation de lui, datée de Puebla, le 24 juillet 1821, imprimée, affichée partout, et qui fait le plus grand honneur à cette maison patriotique, ordonna au peuple et à l'armée de protéger, par tous les moyens, la per-

---

(1) Arch. n° 28.

sonne, l'hôtel, la famille, et, en général, les intérêts de la Señora Condesa de Miravalle. « Sa » conduite politique, disait Iturbide, lui méritait » cette protection nationale (1). » Nous donnons cette pièce authentique, conservée dans les archives de la famille et possédée par Carmen.

La comtesse de Miravalle ne fut que plus portée à exécuter ce qu'elle projetait, à la face du parti espagnol, et de tout le Mexique auquel les ancêtres de son mari touchaient de si près. Le 23 août 1821, quand l'armée de l'Indépendance allait s'ébranler de Puebla, elle offrit à Iturbide, qui allait marcher vers la capitale, son hôtel de la rue du Saint-Esprit, n° 8 — le numéro même était indiquée dans la lettre, pour que la postérité ne pût s'y tromper. — « Il » n'y a pas de plus belle maison dans Mexico, lui » dit-elle, ni de plus grande, *mejores y mas princi-* » *pales.* Veuillez y descendre, vous et votre état- » major (2) ». On conçoit par conséquent ce que

---

(1) Arch. n° 2 ; voir pièces justif.
(2) Ibid. n° 2 ; pièces justific.

devait être à Mexico, et dans tout le Mexique, une famille qui offrait de recevoir dans son hôtel le généralissime des armées mexicaines.

Iturbide déclina poliment cette invitation pour lui, en faisant un grand éloge de la comtesse; mais il l'accepta pour un de ses amis, pour le général Barragan, ce semble. Il écrivit le 29 août. La comtesse répondit le 8 septembre, par une lettre autographe où elle tenait toujours son hôtel à la disposition des patriotes, et où elle mêlait son admiration à la reconnaissance publique.

Iturbide fixa son quartier-général ailleurs, au milieu de ses troupes et des casernes qu'on leur destinait. Il n'eût pas été libre peut-être, dans l'hôtel de Miravalle, pour accomplir ce qu'il voulait. Son entrée à Mexico se fit dans un grand enthousiasme, au bruit des chants composés par Carmen. Le canon grondait aux remparts, les cloches sonnaient à toute volée, toutes les maisons étaient pavoisées, l'étendard mexicain flottait sur les édifices publics, et la musique faisait entendre ses plus beaux airs. Cet événement eut lieu le 27 septembre 1821, et l'on décréta, bientôt après, pour le mois de février de l'année suivante, la convocation des premières Cortès du Mexique.

X

MARIAGE DE MANUELA, SŒUR DE CARMEN,
AVEC BARRAGAN, UN DES PLUS BRILLANTS
OFFICIERS D'ITURBIDE.

En attendant, parmi les officiers patriotes qui suivaient Iturbide et qui croyaient en lui, on ne tarda pas à annoncer un magnifique mariage auquel l'état-major, les plus grandes familles créoles et Iturbide lui-même devaient assister. Dona Manuela se mariait. On n'avait pas besoin de dire qui elle était. Chacun l'avait vue, chacun la connaissait. Vive, alerte, jolie, la figure longue, plutôt blonde que brune, les yeux langoureux, agaçante, nerveuse, sensible à l'excès, presque rien d'espagnol, un type

MANUELA DE TRÉBUESTO ANDRADE Y MONTEZUMA

Epouse du général MIGUEL BARRAGAN, Président de la République du Mexique

MÁNUELA DE TRÉBUESTO ANDRADE Y MONTEZUMA

Epouse du général MIGUEL BARRAGAN, Président de la République du Mexique

parisien trouvé aux bords du Xoquimilco, d'une mobilité extrême d'imagination et d'idées, un peu trop vive peut-être, telle était Manuela, la plus jeune fille de la comtesse de Miravalle. Plus tard, quand elle verra Paris et qu'elle goûtera de la vie parisienne et française, toute jouissance lui paraîtra fade auprès de celle-là; elle ne voudra plus quitter Paris, avec Nana, sa vieille négresse, et son portier Lorenzo, ancien domestique de sa mère (1); elle restera toujours dans cette France enchanteresse, et elle l'écrira dans mille lettres, d'une main brûlante. Elle voudra aussi voir l'Europe, toute l'Europe, toutes les merveilles de la civilisation européenne, Londres, Bruxelles, Genève, Milan, Nice, Florence, Bayonne ensuite et Bordeaux, tantôt seule, tantôt avec ses enfants, Eulalie et Joaquin, les promenant, les surmenant, les perdant, et finalement se perdant elle-même, c'est-à-dire se traînant, malade et épuisée, sur tous les chemins, presque aveugle, la poitrine délabrée, le visage éteint, plutôt mourante que

---

(1) Arch. de la famill. Lettres de Manuela, 20 septembre 1843, à Carmen.

vivante, n'en pouvant plus d'émotions et de fièvre, et ayant trop excité sa nature inflammable, sans pouvoir s'en empêcher; dominée par ses instincts, fascinée par la nouveauté, buvant les plaisirs comme l'eau, et usant son âme et son corps au frottement incessant des impressions mondaines : type charmant à la fois, et étrange.

Elle n'avait pas encore 12 ans en 1821, et déjà elle était femme. La moins en âge d'être recherchée, elle l'était avant ses sœurs, de beaucoup plus âgées qu'elle. Les élans infinis, qui la devaient user, étaient précisément ce qui la rendait séduisante, et l'homme le plus sage du monde, le plus doux, le plus tempéré, est celui qui en fut le plus épris. Elle épousa... qui donc? le général don Miguel de Barragan, l'hôte illustre, un instant substitué à Iturbide. Carmen adressa des vers à l'heureuse Manuela; elle en adressa également au général et aux Cortès constituantes. Elle mêlait la politique aux choses de famille.

Ce mariage était politique ; il affirmait, plus hautement encore, les sentiments républicains des

Miravalle, attraction grande pour Barragan. Plus on avait de patriotisme, plus il éprouvait de sympathie. Nul général n'avait plus de modération républicaine, nul n'avait plus de fermeté. Il était intègre et incorruptible. Argent, grâces, honneurs, rien ne pouvait le détourner de la droite voie. A 32 ans — il avait cet âge, quand il prit pour compagne la toute jeune Manuela — c'était une Miltiade pour la bravoure, un Aristide pour la vertu. On verra bientôt comment les journaux du Mexique en parlèrent. L'archevêque de Mexico, au milieu d'un concours immense de population, bénit cette union brillante, le 18 novembre 1821 ; il la bénit dans sa cathédrale, bâtie sur les ruines du plus beau *téocatli* mexicain. Et chacun répétait quelques vers, à l'honneur de la Révolution nouvelle, composés par Carmen et qui avaient été chantés :

> « *Ya no habra distinciones odiosas*
> » *Se oïra solo la vos de Igualdad :*
> » *Ya los hombres seran apreciados*
> » *Por su merito en la sociedad (1)* ».

---

(1) Arch. de famill. Poésies de Carmen, n° 28.

« Arrière les distinctions de classe, chose odieuse !

» On n'écoute plus que la voix de l'égalité, ·

» Et désormais, dans la Société,

» Les hommes seront jugés d'après leur seul mérite. »

Elle mettait en rimes la prose politique, mauvaise prose, et assez mauvaise poésie. Sa complaisante imagination et son âme ardente se prêtaient à tout. Elle quittait la peinture intime, la peinture de l'âme, la vraie poésie, pour le cliquetis des scènes patriotiques. Sa muse n'y gagnait pas et son talent y perdait. Mais on était si heureux alors! on avait tant d'espoir ! Comme présent de noces, Iturbide donna à Barragan le premier gouvernement du Mexique, après celui de Mexico, le gouvernement de Queretaro, ville et province : la province, formant plateau, d'un climat tempéré, et très saine; la ville, très belle, très riche, au fond d'un vallon célèbre qu'arrosaient des milliers de canaux souterrains, et non loin des montagnes métallifères de Guanaxuato.

M. de Humbold parle beaucoup de Queretaro; mais un autre que lui va nous décrire cette ville curieuse, qu'un noble seigneur avait embellie. Le

nouveau gouverneur était parti seul, laissant à
Mexico sa jeune femme enceinte. Il avait à pacifier
la province, à réprimer les insurrections, à défendre
les propriétés, à contenir la révolution sociale qui,
dans les provinces se glissait sous l'autre révolution, et dont bien des créoles, les Miravalle mêmes,
commençaient durement à souffrir. Il y resta près
de deux ans, très tenu dans son gouvernement,
faisant rarement le voyage de Mexico, grand voyage
alors, quoiqu'il ne fût que de 45 lieues, et difficile, à
travers des gorges et des montagnes, des chemins
étroits et peu sûrs, hantés par les brigands, à qui
ce nouvel Hercule, allait faire la guerre. Manuela
vint le trouver, avec une jolie petite fille que bien des
gens se souviennent d'avoir vue à Bordeaux, Eulalie
ou Lalita, et c'est Carmen qui l'accompagna. Elles
partirent le 6 février 1823, un jeudi, à 1 heure de
l'après-midi, dans un carrosse traîné par des mules,
avec des relais de distance en distance, s'arrêtant
souvent, couchant aux stations, ne voyageant pas
la nuit, et Carmen prenant des notes, pour envoyer
son *Diario* à la comtesse sa mère, et lui raconter la

réception, le voyage, toutes ses impressions. Nous avons ainsi le voyage de Queretaro, écrit par Carmen et conservé dans les archives de la famille, une page intéressante de statistique et de géographie.

XI

AMBITION D'ITURBIDE. IL JETTE LE MASQUE

MAIS j'ouvre l'histoire du Mexique, avant de faire parler notre voyageuse de 19 ans, servant de compagnie à une mère qui n'en avait que treize, et à une enfant d'un an. Car, avec certaines familles, les événements de la vie privée se lient aux incidents de la vie publique et souvent en dépendent. Etait-ce donc bien le moment, au 6 février 1823, de quitter Mexico et de s'en aller, comme en se promenant, le crayon et le calepin à la main, vers le plateau de Queretaro? Le voyage n'avait-il pas d'autres motifs que le rapprochement de jeunes époux qu'un lien de plus unissait? Mais six jours auparavant, le 1ᵉʳ février de la même année, je vois trois généraux des plus distingués, La Gazza, Guadalupe Vittoria, puis Santa-Anna dont le nom paraît alors sur la scène; je les vois signer la Convention de Casa-Mata (1), une ligue puissante contre Iturbide, et tous leurs collègues, Negrete, Vibanco, Bravo, Guerrero et enfin Barragan envoient leur adhésion, réunissent leurs troupes et forment une armée redoutable, l'armée indépendante et républicaine.

Que s'était-il donc passé? Iturbide s'était démasqué. Dans la nuit du 22 mai 1822, il avait invité à dîner, en compagnie de ses affidés, Barragan et Negrete, celui-ci aussi ferme que l'autre, aussi fier, aussi vertueux, aussi grand de cœur et de caractère, avec un degré de plus de susceptibilité. A l'heure indiquée par eux, les carrosses des Miravalle (2) vinrent chercher les deux amis. Le peuple attroupé, les soldats en démence les repoussèrent, et bientôt on entendit dans le palais et au dehors des vociférations diverses. « *Barragan et Negrete sont*

---

(1) La Renaud., p. 191.
(2) Papiers de famill., liasse 12.

» *arrêtés ; vive l'empereur Iturbide, l'empereur*
» *Augustin Ier !* »

La révolution était faite. La famille de Miravalle
était furieuse et consternée. Elle maudissait Iturbide,
après l'avoir admiré. Le congrès ne fut guère mieux
que cet usurpateur. A la seule condition d'une
amnistie générale et de la réintégration de Barragan
et de Negrete dans leurs charges, le congrès ratifia
tout, approuva tout. Le coup d'Etat était accepté,
légalisé ; le voile était tiré sur la honte et le crime.
Barragan et Negrete ne dirent rien ; ils s'inclinèrent
devant le congrès, et Barragan rentra à Queretaro :
mais on comprend dans quels sentiments !

Iturbide ne s'arrêta point en si bon chemin. Il voulait être maître absolu, un tyran, dans le sens antique
du mot, un Cromwel, un Napoléon au petit pied.
Ennuyé du contrôle qu'exercerait une assemblée
nationale, il fit arrêter 14 députés indépendants ; il
renvoya le congrès, il ferma la salle et mit les clefs
dans sa poche (1). Cette fois les généraux républi-

---

(1) Voir l'ouvr. précéd., p. 189, 190, 191.

cains n'y tinrent plus. Sous des formes, respectueuses encore pour l'indigne élu d'une assemblée légitime, ils protestèrent. Leur cri n'étant pas écouté, ils s'armèrent, ils accoururent, et au-devant d'eux, sur la route de Mexico, vint se poster Iturbide (1).

---

(1) Voir l'ouvr. précéd., p. 189, 190, 191.

<h1 style="text-align:center">XII</h1>

VOYAGE DE QUERETARO, ÉCRIT PAR CARMEN A LA COMTESSE SA MÈRE

TRISTE moment en vérité pour aller voir Barragan à Queretaro, pour un voyage d'agrément! Mais Mexico était peut-être moins sûr que Queretaro, et la sécurité primait tout. Les principes de Barragan étaient connus, et, même avant le 1er février, sa femme, sa belle-mère, toute sa famille nouvelle étaient observées, étaient surveillées... On devait être mieux auprès de lui qu'auprès d'Iturbide. Il était adoré des troupes. Comme elles étaient mal payées, il avait vendu sa riche vaisselle d'or et d'argent pour fournir à leur solde (1). Il n'y

____

(1) Liasse 19, arch. de la famille.

avait qu'une voix pour louer son désintéressement et ses vertus.

Carmen partit donc avec Manuela. Elle avait une haute idée de la jeune Manuela, qui en effet possédait les plus beaux dons de l'esprit, et était précoce en tout, en maternité et en intelligence. Les premiers mots du Diario de Carmen rendaient hommage à ces précieuses qualités, en même temps qu'ils attestaient les égards et le respect qui entouraient la comtesse Miravalle dans sa famille. Je veux citer ce morceau, qui fait grand honneur à l'élévation morale de Carmen. « *Señora*, dit-elle à sa mère, » c'est-à-dire Madame, pour rendre moins sensible à » ma sœur sa séparation de notre famille, du sein de » laquelle elle ne s'était jamais éloignée, *apartado*, » vous avez voulu que moi aussi je m'en écarte, » *desviarme tambien,* et que j'accompagne cette sœur » aimée jusqu'à la cité où l'appelait son état, qui » l'oblige à suivre la destinée de son mari. Ses » affaires et ses soucis pourraient abattre des génies » plus limités que le sien, *mas limitado, que el suyo.* » Je cherche à complaire à ceux qui ont le bonheur

» d'être vos enfants, et je suis la compagne de ma
» sœur dans les circonstances critiques et périlleuses :
» car nous ne saurons jamais apprécier les rares
» faveurs que nous vous devons, *de que somos*
» *deu-doras,* et je regarde comme mon devoir de
» témoigner, de la manière que je peux, ma recon-
» naissance et mon respect à une mère si aimante,
» *tan amante,* qui a su sacrifier les meilleurs jours
» de sa vie, son plaisir, *su placer,* ses avantages
» mêmes, *y comodidad,* pour ne songer qu'à ses
» enfants. *Je n'approche pas de l'instruction et des*
» *grandes lectures de ma sœur...* Mais, en preuve de
» mes efforts pour égaler son mérite, je vous envoie
» le journal de notre voyage. J'y ai noté et apprécié
» tout ce dont mon intelligence m'a permis de me
» rendre compte. C'est sans valeur; mais l'appro-
» bation des parents donne du prix aux ouvrages de
» leurs enfants, *valorizan en mucho las obras de sus*
» *hijos* (1). »

Le récit dénotait aussi un certain embarras, à

---

(1) *Journal du Voyag.* de Carmen à Queretaro, envoyé le 12 mars 1823,
liasse n° 4.

travers l'étiquette aristocratique. « Señora, disait
» Carmen, les enfants doivent chercher à faire
» plaisir à leurs parents. J'ai pris l'engagement
» d'écrire le Diario de notre voyage. Je l'écris et je
» vous l'envoie, regrettant de n'être pas non plus
» aussi lettrée que ma sœur Merced qui est auprès
» de vous, et de ne pouvoir y mettre autant
» d'esprit. »

Mais je ne sais, ce voyage avait l'air d'une fuite;
Queretaro était un asile : car tout paraît triste à
la pauvre Carmen.

Elle passe par le village indien de Halnepantla,
elle le trouve triste. Elle arrive à 4 heures 1/4, après
avoir gravi la côte pierreuse et escarpée de Bar-
rientos, à un autre bourg moins indien et plus
régulier, mais triste, toujours triste. La première
journée n'est pas gaie.

La seconde journée est un peu moins désagréable;
elle offre quelques curiosités. Au village indien de
Huehnetoca, elle voit le fameux *desague* ou dessè-
chement de Mexico, ouvrage splendide en pierres de
taille. Puis, après une autre côte étroite et pierreuse,

pedregosa, pedregal, mucho piedra que hay, le pays prend un aspect grandiose et la nature des tropiques apparaît. Partout se présente l'agavé américain ou grand aloès, dont le fruit fournit la *pulque,* liqueur favorite des Mexicains, et dont les feuilles ont parfois dix pieds de long, quinze pouces de large, et, qui le croirait? huit pouces d'épaisseur; de vraies poutres, ou plutôt de larges madriers, dont parle aussi le voyageur naturaliste d'Orbigny, et que l'on tanne comme des cuirs. Elle voit ces cuirs, au *Rancho de Bata,* avec des inscriptions, dit-elle, plus dignes d'une académie de Bacchus, *muy propio para la academia de Baco.* Car la *pulqueria,* où l'on fabriquait la célèbre liqueur, n'était pas loin, et les buveurs abondaient dans ces parages.

Nos voyageuses, vers la même heure que la veille, arrivent à Tula, en plein pays *toltèque,* à Tula, dont quelques autres parents de Montezuma avaient pris le nom, et où, sur le rio de Tula, elles contemplent un magnifique pont de trois arches. Les ponts étaient rares au Mexique, et l'on descendait toujours, quoiqu'on montât souvent. Mexico, d'où l'on était parti,

est sur un plateau, à plus de 2 mille mètres au-dessus
du niveau de la mer. On avait descendu de 1,000
mètres, et pourtant les montagnes encore se dres-
saient de tous côtés, pour le reste du chemin. Il faut
gravir la rampe de Tula, *sumamente mala*, et aller
un instant à pied. On passe la gorge de Capalulpa,
el puerto de Capalulpa, avec des montées rapides,
subidas, et des descentes à briser les plus solides
ressorts, *capaces de romper el coche;* sans compter
des bois sombres où se cachent les voleurs, *abriga-
dero de ladrones.*

Du moins on vit longtemps dans ces lieux abruptes
et sauvages. Vers 4 heures, à l'heure accoutumée de
la halte, on présente à Carmen un homme âgé de
103 ans. Le lendemain, mêmes aspects à peu près et
mêmes escarpements que la veille. Seulement elles
rencontrent une chose qui rompt la dure monoto-
nie du chemin; c'étaient des bois d'orangers, avec
des oranges aigres, *naranjas agrias*, grosses comme
des melons, *como un melon.* En outre, il y avait çà
et là des détachements de la garnison de Queretaro.
Cela prouva aux voyageuses que Queretaro n'était

pas loin, et elles logèrent chez le commandant Zincanegui, qui s'empressa de leur offrir l'hospitalité : bonne note pour cet officier-supérieur. On ne manqua pas de le dire, le jour suivant, quand on arriva enfin, après cinq jours de voyage et en se mettant en route à 7 heures du matin, à la capitale de la province, devant les célèbres arcades ou aqueducs, donnant de l'eau à la ville, et qui ont rendu populaire, dit Carmen, la famille du marquis de Villar d'Aquila ; c'est le père de ce seigneur qui les fit bâtir à ses frais.

La voiture de ce marquis les attendait, et là aussi était le général en chef Barragan ; là étaient tous les officiers en uniforme, avec la musique militaire ; là, des personnes de toutes les classes qui venaient faire escorte à la jeune et gracieuse femme du libéral gouverneur. Les vivats retentirent, *vivas muchos y aclamaciones*, les cloches des églises se mirent en branle, *repique general de campanas*. On se rendit à l'église de la Cruz, c'est-à-dire de la Croix, pour des prières d'actions de grâce; puis, sans changer de voiture, on arriva au palais du gouverneur, où des rafraîchissements furent servis aux nobles voyageuses et à tous les assistants, la musique jouant des airs nationaux et de fête.

Le lendemain soir, à l'hôtel de Chavero, qui était le principal de la ville, le corps des officiers leur donna un bal où elles dansèrent jusqu'à 1 heure. Ce bal les délassa, bien loin de les accabler. Une semaine pour 45 lieues de voyage, des repos fréquents, le lit des meilleures hôtelleries, et, entre chaque journée, quinze ou seize heures de halte, à cause du tout jeune âge d'Eulalie, tout cela les avait plutôt engourdies que fatiguées; leurs jambes ne demandaient qu'à se délier.

C'est la belle et commode distribution des eaux de l'aqueduc qui frappa Carmen à Queretaro, et l'admirable prévoyance du bienfaisant seigneur. Partout, des conduits souterrains; partout, des fontaines publiques, de l'eau bonne et pure dans les maisons jusqu'à l'étage le plus élevé, où elle se concentrait dans un réservoir. C'était chose rare au Mexique, et encore dans bien des villes d'Europe. Elle admira aussi les bains des gens *comme il faut, gente decente,* avec des vergers, des jardins, d'élégantes cabines ; puis d'autres bains pour les *leperos*, et pour les mendiants que la vermine dévore, *y que le llaman el piojo,* tous les pouilleux des pays chauds et oligarchiques. Elle n'oublia pas non plus les beaux arbres et les rosiers de Castille de la promenade de Queretaro : mais elle y chercha vainement des promeneurs et des promeneuses. Les dames de Queretaro s'enferment dans leurs maisons, comme dans un couvent, *por un conventiculo,* et se font voir rarement. Ce sont des mauresques indolentes, sédentaires, mais d'une curiosité insatiable dans leur paresseuse captivité. « On peut se promener nu, dit Carmen, sous ces grands arbres, entièrement nu, *enteramente desnudo,* sans avoir peur que personne vous voie, *seguro que nadie le vea.* »

Plusieurs de ces dames sortirent, on le sait, quand, de nos jours, un prince malheureux, l'Archiduc Maximilien d'Autriche, dont les aïeux étaient Isabelle et Charles-Quint, tomba fusillé à Queretaro.... Mais alors elles s'enfermaient solitaires dans leurs fraîches habitations.

XIII

RÉACTION CONTRE L'EMPEREUR ITURBIDE ;
SON ABDICATION, avril 1823

AINSI Carmen racontait son voyage, avec la familiarité réaliste que comportait le style épistolaire et qui est peut-être dans le génie moins tendu des langues étrangères. Barragan ne resta pas longtemps avec elle et avec Manuela. Il fallait occuper son poste à l'armée insurgée, qui était l'armée légale, l'armée de la République et des Cortès. Mexico était en feu. Toutes les lettres de la comtesse de Miravalle à ses filles, toutes celles de Merced à ses sœurs le disent. Iturbide avait lâché ses partisans contre les familles des généraux confédérés. « Les maisons des généraux Vivanès, Molinos,

» Negrete, écrivait la comtesse, sont attaquées par
» les émeutiers... Les Leperos volent et assassinent,
» puis se tuent entre eux. Je suis menacée dans mon
» hôtel. Les nouvelles de la campagne ne sont pas
» meilleures. Les soldats occupent mes domaines
» de Myro et Encarnacion. Ils prennent tout, sans
» payer. Nos hommes d'affaires n'envoient plus
» d'argent. L'un d'eux m'a apporté mille piastres
» d'un troupeau : c'est tout. Chaque jour, il y a des
» conspirations nouvelles; chaque nuit, des pillages
» nouveaux, et l'on nous dit que *el s^r de Las Botas*,
» l'âme damnée d'Iturbide, doit fondre sur Mexico
» avec les terribles Indiens. Je suis dans les transes
» pour vous, et vous l'êtes pour moi. Il y a un *cabinet*
» *noir*, qui retient souvent les correspondances. Je
» suis seule avec Merced. Pépé (son fils José) est à
» l'Etat-Major de l'armée républicaine avec le colo-
» nel Serrano, ami de notre famille. Mon Dieu! que
» va-t-il arriver.... (1)? Mes filles, réjouissez-vous,
» dit-elle enfin le 2 avril 1823! Miguel, *nuestro*

---

(1) Lettres de la comtesse de Miravalle. Liasse 12, 1823.

» *Miguel*, est entré à Mexico à 5 heures du soir, et
» nous sommes libres, *somos libres*. Un baiser à
» Carmencita et à Manuelita, de la part de votre
» pauvre mère, de *tu pobre madre*! (1). »

Et cette lettre est parfaitement d'accord avec
l'histoire. Don Miguel de Barragan, avec ses troupes,
était en effet à Mexico. Iturbide, ayant devant soi des
masses imposantes, des généraux bien unis, s'était
décidé à négocier et avait renoncé à combattre. Il
avait abdiqué le 22 mars 1823, et il devait se retirer
en un point fixe de l'Italie ; ce qu'il fit le 11 mai
suivant. Voilà comment Barragan avait pu entrer à
Mexico, le 2 avril, après cette grande abdication.
Iturbide n'était plus rien ; il était gardé à vue, en
attendant l'escorte d'honneur qui devait l'accompagner à Vera-Cruz et présider à son embarquement.
Le général Bravo commanda cette escorte ; on
rétablit l'ancien congrès, et Bravo, avec Vittoria et
Negrete, fut nommé chef du pouvoir exécutif dans la
Confédération mexicaine.

---

(1) Même liasse et mêmes lettres.

Tout allait bien. Barragan rentrait glorieux à Queretaro. Une nouvelle lettre de la comtesse annonça
son départ le 9 avril, sept jours seulement après
l'occupation de Mexico. Ensuite il fut nommé à
Valladolid, dans le Méchoacan, dans le pays d'Iturbide, qui était aussi le sien, et où Carmen le suivit.
Il fut envoyé là, le 19 mai 1823. Sa grande réputation pouvait y balancer la popularité d'Iturbide, et le
gouvernement ne se trompa point. Les républicains
du Méchoacan ne tardèrent pas à louer, en beaux
vers, la prudence, la bonté, le désintéressement de
leur gouverneur, la grâce et l'amabilité de son
épouse, et à promettre à leurs noms réunis la plus
douce immortalité, *y ambos nombres la posteridad
mas remota vea immortalisados* (1).

---

(1) Arch. de la famille, *poesias* à D. M. de Barragan, liasse 12.

XIV

MARIAGE DE MERCED, AUTRE SŒUR DE CARMEN, AVEC LE COLONEL SERRANO

A Mexico, quelques mois après, la comtesse de Miravalle se lia davantage au parti républicain, par le mariage d'une autre de ses filles, et son palais de *San-Spiritu* fut de nouveau en fête. Ce n'était pas Carmen qui se mariait; c'était Merced, l'aînée de la famille, celle qui n'avait pas quitté Mexico, personne éminente, ayant déjà 28 ans, très juste, très aimante, très sensée et qui eut toujours les sympathies de Carmen. Le 23 novembre 1823, elle épousa, elle aussi, un militaire, un officier supérieur, *que es muy bien chico*, écrit la bonne com-

María de las Mercedes de Trébuesto Andrade y Montezuma
Comtesse de Miravalle

Mᵃ DE LAS MERCEDES DE TRÉBUESTO ANDRADE Y MONTEZUMA
COMTESSE DE MIRAVALLE

tesse, le colonel d'Etat-Major Serrano, Espagnol rallié, brave soldat, grand stratégiste, et ami du général Barragan. Ce fut une réjouissance pour le régiment que commandait ce digne officier, et, pour la seconde fois, l'hôtel Miravalle retentit du son des instruments et du bruit joyeux de la danse (1).

Cette royale demeure reprenait un moment l'éclat des anciens jours. Mais cet appareil somptueux, ces mélodies étourdissantes ne servaient qu'à dissimuler un malaise poignant. En réalité la comtesse était triste. Elle faisait contre fortune bon cœur. Trois jours après ce mariage, une de ses lettres, dissipant toute illusion, annonce qu'elle a vendu sa vaisselle d'argent. Manuela et Carmen, à qui elle l'écrit, n'avaient pu venir à la noce. La comtesse les avaient réclamées, dès le 5 novembre, leur recommandant de se faire escorter à cause des brigands. « Il y en a, » dit-elle, par tous les chemins, *muchos ladrones por* » *todos caminos*. Ils s'emparent quelquefois des pro- » priétés et s'y installent. Dernièrement, au nombre

---

(1) Arch. de la famille. Lettres de la Comtesse de Miravalle, 8, 9, et 23 novembre 1823.

» de 60, ils se sont précipités sur de pauvres négo-
» ciants. Ils ont assassiné les uns, blessé les autres,
» et finalement les ont dépouillés tous. Soyez donc
» bien escortées, et que Miguel vienne avec vous (1).»
Mais ni Miguel, ni ses filles n'étaient venus. Le
mariage s'était fait sans elles. La comtesse était
désolée. Pour plus d'ennui, Merced la quitta, car il
fallait suivre son mari, et don José fit la même
chose, étant dans l'Etat-Major de Serrano. Elle n'eut
d'autre consolation que d'écrire, presque chaque
jour, à ses filles. Dans cette seule année 1823, j'ai
compté 84 lettres de Mme de Miravalle, et souvent
des lettres doubles.

Le Congrès assemblé résolut une question qui
intéressait les familles, au double point de vue
de l'égalité sociale et du sort des enfants. Sur les
instances, chaleureusement exprimées, de don José
de Miravalle qui avait spontanément donné l'exemple (2), le Congrès abolit le droit d'aînesse. Il sup-
prima les majorats; il accorda ce qu'on appela, dans

---

(1) Ibid. Lettre du 26 novembre.
(2) Archiv. de la famille, lettres de Merced.

le Mexique, *la dévinculation*, c'est-à-dire l'affranchissement, l'abolition d'une antique loi aristocratique, d'après laquelle l'aîné des enfants mâles, *major natu*, avait tout, et les autres n'avaient rien. La Révolution française, sous ce rapport, avait franchi l'Océan atlantique, et elle changeait la société mexicaine. Don José, nous l'avons dit, avait devancé le nouveau règlement des successions. Il avait renoncé à la moitié de ses droits, en faveur de ses sœurs, qui pouvaient dès lors se partager l'autre moitié des biens de la famille. Mais rien n'était payé, ni les loyers, ni les fermes ; des inondations s'étaient ajoutées aux ravages des leperos, aux usurpations des spoliateurs. La ruine des Miravalle était complète.

XV

APPARITION DE ZAVALA, LE FLÉAU DE LA GRANDE FAMILLE DE CARMEN

LA rumeur publique en accusait aussi un homme que tout le monde désignait, qui, avec l'argent de la famille, adroitement obtenu, venait d'être nommé député et marchait rapidement à la fortune et aux honneurs, mais sur lequel la comtesse était aveuglée de la plus étrange manière : on accusait Zavala, un aventurier, une sorte de médecin qui s'était présenté à la comtesse avec quelques recommandations, et dont elle avait fait son intendant. Il était jeune encore, hardi, spirituel, de bonnes manières, avec un regard fauve qu'elle seule ne remarquait pas, mais que ses gendres et

ses filles voyaient bien. Elle lui donna toute sa confiance, elle s'abandonna à lui, elle le regarda comme
une merveille d'esprit, comme un oracle, l'admet-
tant à sa table, le consultant pour tout, lui confiant
le soin de son fils qui, affligé d'un embonpoint précoce, était menacé, tantôt d'apoplexie, tantôt d'attaques de nerfs, et exigeant de ses filles la même
considération et les mêmes égards. On ne pouvait
rien remuer, on ne pouvait faire un pas dans la
maison sans la permission de ce monsieur; il avait
pris sur la comtesse un empire absolu. Je ne suis
que l'écho de la famille; je ne le juge que sous
toutes réserves, d'après les lettres accablantes de
Merced et de Carmen, d'après les déclarations du
colonel Lorenzo Serrano, le nouveau gendre de la
comtesse de Miravalle. Certaines de ces déclarations
furent imprimées, devinrent officielles, et je les
reproduis. On disait à la comtesse : « Señora,
» votre intendant, avec votre procuration que vous
» lui donnez, vend vos biens à vil prix et les rachète
» sous-main pour lui-même; il touche les fermages,
» il touche l'argent des bestiaux vendus, et il vous

» dit que ni l'argent ni les fermages ne rentrent. Il
» vous trompe, et, grâce à vous, à votre fortune, à
» votre crédit, le voilà député aux Cortès, en atten-
» dant qu'il soit ministre. » La comtesse avait un
bandeau sur les yeux ; elle attribuait ces propos à la
jalousie, elle n'en croyait rien, et Zavala restait
maître de la place, sans perdre un pouce de terrain.

On vint lui dire bien autre chose et c'est Merced
qui le lui écrivit. Don José était mort, et ses proches
ne doutaient pas que Zavala, qui lui avait donné
ses soins comme médecin, ne lui eût administré un
poison lent. La comtesse n'ouvrit pas davantage les
yeux. Zavala, comme il l'espérait, ne fut que plus
indispensable, et il rêva dans la famille une situation
plus intime et plus haute. Carmen n'était-elle pas à
marier ? La comtesse y pensait pour lui. Elle voulait
couronner les services de son favori par cette suprême
récompense. Pauvre femme, affaiblie par les peines
morales et par les maladies !

XVI

RETOUR D'ITURBIDE, 1824. SANTA-ANNA

Il n'y avait qu'un obstacle aux désirs de la comtesse ; c'est que Carmen ne voulait à aucun prix de Zavala. Elle était dans les idées de ses sœurs et de ses beaux-frères. Elle abhorrait Zavala, autant que la comtesse l'affectionnait. Une autre difficulté, c'est que des orages civils s'amoncelaient encore à l'horizon ; ils se trouvent indiqués dans une lettre de la comtesse à Manuela, à Mme de Barragan. « Ma fille, » les affaires politiques prennent une mauvaise tour- » nure, et on jouera de nouveau de la bombe, *para* » *jugar de la bomba.* Ce gueux d'Iturbide menace » de revenir, *El bribon de Iturbide ha de volver* (1). » Et c'était vrai ; car, à défaut de documents, avec les seules correspondances que nous avons sous les

____

(1) Lettre de la comtesse de Mirav. 21 mars 1824.

yeux, on reconstituerait toute l'histoire du Mexique pendant la révolution.

Iturbide avait quitté l'Italie, il s'était enfui en Angleterre, et de l'Angleterre, comme autrefois Napoléon de l'Ile d'Elbe, il s'était dirigé vers le Mexique. De nombreux partisans l'attendaient, il le savait, et il revenait avec toute sa famille. « Oui, » certes, il a des amis nombreux, dit la patriotique » comtesse, et qui ne méritent pas d'être des hommes » libres, *que no merecen ser libres* (1) ». Il était déguisé ; on venait, avec quelques Anglais, proposer au gouvernement mexicain un plan de colonisation ; on était de simples négociants très inoffensifs. Mais quelqu'un avait deviné le déguisement. La Garza, qui commandait à Vera-Cruz, accourut ; il reconnut parfaitement Iturbide, il l'arrêta, il le fit juger promptement par l'assemblée très démocratique, très révolutionnaire de la province ; et, 24 heures après, Iturbide tombait fusillé. Il avait commencé comme Bonaparte, et il finissait comme Murat.

Mais quelle commotion à Mexico ! que de désor-

______

(1) Ibid.

dres dans les provinces ! quelles scènes tumultueuses dans le Congrès ! Les démocrates voulaient au Mexique toutes les idées de la Révolution française, sans aimer les Français ; les républicains modérés, les Unitaires, les Fédéralistes, les Impérialistes avaient d'autres vues ; les Bourbonistes enfin ne perdaient pas l'espoir de rendre le Mexique aux Bourbons. La confusion était extrême.

Guadalupe Vittoria, élu président de la République, et le vice-président Bravo, malgré le secours de Negrete, de Barragan, de Santa-Anna qui était en vue de plus en plus, avaient de la peine à empêcher un embrasement général. Un instant même la division s'était mise entre ces hommes de même grade et de rang différent. Santa-Anna était ambitieux ; il reçut un ordre et refusa d'obéir. On s'agitait pour lui à Mexico. Il avait fallu appeler des troupes. Serrano, faisant fonction de général, avait marché au secours du gouvernement ; il avait paru, avec son armée, aux portes de la capitale, et le conflit allait être sanglant, quand un événement arrêta tout : Santa-Anna s'était soumis.

Serrano se distinguait, il rendait des services. Son crédit pouvait profiter à la famille de Miravalle et·à lui-même. Alors parurent les *clamores de Justicia*, dont nous avons parlé au commencement de ce travail, les *cris de justice*, composés par lui, impri-més par lui, tirés à des milliers d'exemplaires et adressés au Congrès, en 1825, pour que le Mexique, devenu un Etat indépendant, payât la pension de la fille de Montezuma et se chargeât de la dette de Charles-Quint. L'intérêt de Serrano était en jeu. L'héritier des Miravalle y Montezuma étant mort, c'est à l'aînée des filles, à Merced par consé-quent, femme de Serrano, que le majorat des 25,000 fr. était acquis. Son droit fut reconnu, la descendance directe de Montezuma fut bien établie, et Merced toucha la pension héréditaire, titre incon-testable de l'antique blason et le plus auguste de l'Amérique entière (1).

Les Miravalle, quoique diminués quant à la

---

(1) Arch. de fam. Imprimés, div. relat. à la fam. *communicado, y clamores* etc. Mexico, chez Rivera, imprimeur, calle de Capuchinas, n° 1. Liasse n° 19. Voir aux pièces justificatives.

fortune, se maintenaient comme illustration. Le Mexique s'occupait d'eux, comme d'une famille historique et objet de soins particuliers. Ils grandissaient dans l'esprit de leurs contemporains. La même année 1825, Barragan allait jeter sur eux un pur reflet de sa propre gloire.

XVII

PRISE DE St-JEAN-D'ULLOA PAR LE GÉNÉRAL BARRAGAN, BEAU-FRÈRE DE CARMEN

DANS un îlot, baigné par l'Océan, s'élevait à
1 kilomètre de Vera-Cruz, comme le Mont-
Saint-Michel en avant d'Avranches, le fort imprena-
ble de Saint-Jean d'Ulloa. C'est là que Fernand
Cortez, en 1519, avait mis le pied, pour courir à la
conquête du Mexique. Là aussi, depuis cette
époque, depuis trois cents ans, une garnison espagnole défendait l'entrée de la Nouvelle-Espagne, les
abords de Vera-Cruz, et empêchait les Mexicains
d'avoir une marine. C'était un nid d'aigle, un repaire,
la clé véritable de la domination espagnole au
Mexique. Tant que Saint-Jean d'Ulloa était debout,

les Mexicains devaient trembler, leur république était chose précaire, leur autonomie une illusion, leur indépendance un vain mot. Vera-Cruz surtout en souffrait. Au moindre mouvement, le canon du fort balayait la place, tuait du monde, démolissait des maisons, portait la terreur tout autour. Il tardait aux habitants, il tardait aux marchands et aux étrangers qui fréquentaient ce port, que les Espagnols fussent délogés de ce haut mont d'où partait la foudre.

Barragan vint l'assiéger avec des bateaux pontés, que les négociants anglais, américains, mexicains l'aidèrent à construire, et qui furent armés; il cerna l'île et bombarda les forts avancés. Il en prit deux, qui furent des points d'appui, et qui pouvaient servir à un assaut, à une irruption générale. Des proclamations adroites furent glissées parmi la garnison; des promesses, auxquelles sa réputation d'homme intègre donnait de l'autorité, ébranlèrent la constance des soldats, et un blocus rigoureux causa bientôt parmi eux la plus horrible famine. « Rendez-vous, leur disait-on. » Mais leur commandant, le général Coppinger, dont la famille plus tard vint à Bordeaux, soutenait leur courage. La route de l'Océan s'ouvrait large derrière lui, jusqu'en Espagne ; il pouvait être ravitaillé, secouru, et il ne voulait pas se rendre. Toutes les lunettes étaient braquées vers cet Océan, qui tant de fois avait apporté le salut. La garnison espérait. Des frégates enfin apparurent dans la haute mer ; elles se rapprochèrent, et c'étaient des frégates espagnoles. On s'anima davantage à la résistance. Tous ces fronts, rembrunis par la poudre et ridés par le souci, ces visages osseux, où la faim avait creusé des vallées profondes, prirent une teinte hardie... Ce ne fut pas pour longtemps ! En vue de la forteresse, une tempête, qu'on ne put dominer, détruisit ces vaisseaux libérateurs (1). La garnison eut tous les honneurs de la guerre ; mais il fallut se rendre, il fallut, le 19 novembre, sortir de ce fort qui n'avait jamais été pris durant plusieurs siècles.

Barragan, l'heureux vainqueur et conquérant, fut

---

(1) La Renaud., page 200.

porté en triomphe; son nom fut répété par tous les échos mexicains, comme celui qui rappelait le plus grand service rendu à la patrie ; la province de Vera-Cruz le voulut pour gouverneur. Il commanda ainsi le poste avancé, l'avant-garde du Mexique, pour en fermer l'accès aux Espagnols, et les tenir loin de leur antique asile. Il s'y établit, non plus avec Carmen qui de Valladolid était rentrée à Mexico, mais avec Manuela, avec sa fille Eulalie, et avec un fils, Joachin, qu'il venait d'avoir. Vera-Cruz reprit bientôt une physionomie nouvelle. Ce centre agité et perpétuellement inquiet s'ouvrit à la confiance et aux affaires; il entretint, surtout avec Bordeaux, des relations suivies. Les finances devinrent prospères; Barragan y fit régner une économie féconde ; les routes furent assurées; une école de Marine fut créée à Vera-Cruz, et la marine mexicaine commença à naître. Barragan était un des hommes les plus complets du Mexique. Dans les Congrès, il s'était montré législateur; à l'armée, il était grand général; dans les gouvernements, il n'y avait pas d'administrateur plus éclairé, plus conciliant, plus habile, et il n'avait que 35 ans; le meilleur des hommes à cet âge, et le plus intègre des citoyens. Comme conséquence de la prise d'Ulloa, on eut un autre bonheur : la plupart des Etats de l'Europe envoyèrent des résidents au Mexique, l'Angleterre, les Pays-Bas, la Suède, le Danemark, la France elle-même, malgré son amitié pour les Bourbons d'Espagne. Il fallait bien en finir, et c'était dire à l'Espagne d'en finir aussi à son tour, d'accepter le fait accompli d'une révolution indestructible (1).

---

(1) Ibid., p. 201.

XVIII

LES PRÉTENDANTS DE CARMEN. MAGNIFIQUE ÉLÉGIE COMPOSÉE PAR ELLE

L A grande cause de l'indépendance était gagnée, et on le devait à Don Miguel de Barragan, qui était du Méchoacan, du même pays qu'Iturbide. Le Méchoacan avait produit à la fois l'usurpateur et le libérateur, le destructeur de la liberté et celui qui la fondait, un tyran d'un jour et un républicain pour la vie; un César criminel, un ferme et irréprochable Timoléon. Les compliments ne manquèrent pas à la comtesse de Miravalle dans son hôtel de Mexico, où l'on apportait joyeusement les bulletins de victoire, et Carmen ajouta une note au concert de louanges. Elle chanta le Mexique, dans la personne de Barragan; elle félicita l'heureuse et triomphante patrie, elle évoqua les temps glorieux de la Grèce et de Rome, à qui la République nouvelle n'aurait rien à envier.

> *« Ella seria felis, si a tu nivel.*
> *Llegase a ver a muchos ciudanos;*
> *De Grecia y Roma los felices tiempos*
> *Serian en nuestro suelo renovados.*
>
> « Puisse la patrie, ô Barragan, voir
> beaucoup de ses enfants s'élever à ton
> niveau! Les temps fortunés de la Grèce
> et de Rome refleuriront sur notre sol (1). »

C'était le moment, ou jamais, de s'occuper de Carmen, de songer à un mariage pour elle. On avait trouvé des militaires distingués pour ses sœurs. Ne pourrait-on pas avoir pour elle quelque autre officier-supérieur, ou quelque membre du Gouvernement, puisque la Comtesse était du parti qui gouvernait et que son premier gendre avait tant de crédit. Carmen avait alors vingt-un ans. Elle n'avait ni la jeunesse extrême de Manuela, ni l'âge

---

(1) Arch. de la fam., poésies de Carmen.

avancé de Merced ; elle était entre les deux et méritait les mêmes chances par sa beauté et son esprit.

Dès 1820, on lui avait fait connaître José Malo, jeune, brillant, bon musicien, gentilhomme et mexicain. Avec son frère, qui vivait encore et qui jouait de la flûte, *con la flauta*, elle et Malo chantaient ensemble la partition d'Héloïse et Abélard. La comtesse accueillait très-bien J. Malo, dont le talent rehaussait l'éclat de ses réceptions. Malo et Carmen s'éprirent bientôt l'un de l'autre, et le roman commença, roman à la mode espagnole ; car l'Espagne n'était plus rien au Mexique, mais les mœurs espagnoles survivaient. C'étaient des lettres, des vers, des rendez-vous, un courant perpétuel de communications de toutes sortes : *muy señor mio, muy apreciado Jepito;* et, du côté de Malo, *amada Carmencita, linda y adorada Carmelita, diva mia,* et tout le dictionnaire des expressions enflammées de l'Espagne. « Ma mère n'est pas ombrageuse, lui écrivait » Carmen. Elle ne s'inquiète pas de nous, quand elle » ne nous voit pas, *cuando no nos tiene presentes.* » Raison de plus pour ne pas abuser de sa con-

» fiance, *y esto que mas me empeña à no abusar :*
». mais venez me voir, un de ces soirs, *alguna noche,*
». quand nous n'allons pas au théâtre, ou que nous
» ne sortons pas (1). »

Les mœurs anglaises, quelque libres qu'elles
soient, ne vont pas jusqu'à cette facilité des mœurs
espagnoles. Les jeunes cœurs sont plus surveillés. Je
crois même que cette absence complète de contrôle
et d'autorité était le fait particulier de la comtesse
de Miravalle, et tenait à son caractère, à ses ennuis,
à sa position de veuve fatiguée, malade, et naturellement faible.

Les jeunes gens se virent longtemps, jusqu'à ce
qu'enfin la comtesse ne trouva pas la famille de
Malo à son gré. Malo s'en aperçut, Malo le dit et
s'en piqua. Il pensa aussi que la comtesse ne chan-
gerait pas sur ce point ; que le dicton mexicain était
vrai pour elle, « changeant d'opinion bien moins
» que de chemise, *cuesta menos variar de opinion*
» *que de camisa ;* » il s'en plaignit à Carmen, et,

---

(1) Arch. de la fam., 23 lettres de D. J. Malo, du 17 septembre 1820
au 29 janvier 1822. Liasse n° 3.

malgré les observations de celle-ci, le 29 juillet 1822, il se retira et oncques plus ne reparut. La comtesse pensait à un autre, et cet autre à qui elle destinait Carmen, on le devine, c'était toujours Zavala.

Il fallut du temps à Carmen pour se consoler. Les charmes de l'esprit et du cœur, les talents de société et le goût des arts la séduisaient toujours. Elle tenait à l'homme plus qu'à la grandeur, à la bonté plus qu'à la fortune, aux qualités personnelles plus qu'aux honneurs. Elle disait à Malo : « Mais moi je vous » aime ; vous êtes mon maître, *dueño de mis ojos ;* » je n'ai des yeux que pour vous ; je suis si désespé- » rée de vous perdre que je cherche à mourir et j'ai » horreur de vivre, *tan aborrecida estoy de perderte,* » *que temo la vida, y adoro la muerte.* » Elle com- posa toute une élégie de tendres reproches, *endechas,* et d'amicales récriminations, élégie très belle et qui suffirait, à elle seule, pour immortaliser un poète :

« Dueño de mis ojos,
» Mientras tienen lumbre,
» Pues soy tus despojos
» Por justo y costumbre.

» El alma te dejo,
» Que al cuerpo no es mio,
» Y mientras me alejo,
» Suspiros te envio.

  » Injustas venganzas
» Mataron mis dichas.
» Fingidas mudanzas
» Fueron mis desdichas.

  » Quien no piensa y mira
» Primero que intente,
» In vano suspira
» Tarde arrepiente.

  » Lloraban tus ojos,
» De su luz desiertos,
» Los falsos enojos
» De mis males ciertos.

  » Tuya fue la culpa,
» Yo tengo la pena.
» Tardia disculpa
» Para nada es buena.

  » Si pena te alcanza
» De mi dano injusto,
» Que mayor venganza
» Que verme sin gusto?

  » De su odioso nombre
» Quien hay que me libre ?
» Que al fin cres hombre,
» Para todo libre.

» Duelete de verme
» In tan grave dano,
» Que no ha de valerme
» Ningun desengaño.

» Casada y cansada
» Estoy en un dia,
» Amando pagada,
» Quando no soy mia.

« Pero eternamente
» Mi dueño te nombra ;
» Que el tirano ausente
» Servira de sombra.

» Si no hubiera honor,
» Cesara mi llanto,
» Pero no hay amor
» Que disculpe tanto.

» Si la resistencia
» Esfuerran engaños,
» Quien tiendra paciencia
» Para tantos danos ?

» Adios, dueño mio
» Que esperar no puedo.
» Cuanto me desvio,
» Tanto mas me quedo. »

Puis vient la strophe que nous avons citée, « *Tan
aborrecida estoy de perderte*, etc... »

Il n'était pas possible d'exprimer plus de regret,

plus d'amour. Elle usait, jusqu'à se compromettre, de la liberté laissée aux jeunes Mexicaines. Elle appelait le départ de son ami une injuste vengeance, *injustas venganzas*. Elle lui disait que, bien à tort, il lui reprochait ses manières, qui n'étaient qu'une feinte et une innocente agacerie, *fingidas mudanzas;* qu'elle le laissait libre, *para todo libre,* mais qu'elle l'appellerait toujours son maître, le maître de sa destinée, *pero eternamente mi dueño te nombra.* « De quoi vous plaignez-vous, semble-t-elle lui dire? » Vous n'avez que des ennuis imaginaires, *falsos* » *enojos,* et mes maux sont certains. La faute est » pour vous, et la peine est pour moi, *tuya fue la* » *culpa, yo tengo la pena.* Ne voyez-vous pas qu'on » veut me donner à un autre dont le nom seul m'est » odieux, *de su odioso nombre quien hay que me* » *libre;* que plus je m'éloigne, plus je reste, *cuanto* » *me desvio, tanto mas me quedo?* » C'était bref, poétique, plein d'énergie. « Si vous m'accusez, quelle » meilleure vengeance que de ne plus trouver de » plaisir à me voir, *que mayor venganza que verme* » *sin gusto?... »*

Et alors un cri de vertu s'échappe de sa poitrine indignée : « Qu'espériez-vous donc, lui dit-elle ?. Je » vous donne mon âme..., mais vous savez bien que » mon corps n'est pas à moi, *el alma te dejo, pues* » *que el cuerpo, no es mio.* Si l'honneur n'était pas » sauf, non, non, je ne vous pleurerais pas, *si no* » *hubiera honor, cesara mi llanto...* Allons! lui dit-elle » dans un autre *lai* d'amour dont nous n'avons que » la réponse, allons ! vous n'êtes qu'un inconstant, » qu'un papillon, *mariposa*, qui aime à voler de » fleur en fleur, *que vuela de rosa en rosa...* »

XIX

L'INTENDANT ZAVALA PROPOSÉ PAR LA MÈRE DE CARMEN

ELLE ne le vit plus; mais quant à l'oublier, ce n'était pas facile, elle le regretta, *infelix Dido,* et elle le pleura. Malo était un cavalier accompli. Ce n'est que deux ans après, qu'on put, avec les plus grands ménagements, insinuer à Carmen une affection nouvelle. Des amis lui présentèrent un autre gentilhomme, qui peu à peu prit place dans son cœur, Manuel Merino, plus âgé que Malo, plus sérieux, tout aussi distingué et moins susceptible, dont les missives, au nombre de 18, sont pleines de bons conseils et de tendresse, qui l'aima toujours, à Mexico, à Valladolid, partout, même quand il n'eut

plus d'espoir, et dont la dernière lettre est navrante.
Il était musicien, il était poète, il servait bien son
pays, il était parfait : mais ce n'était pas le rêve,
ce n'était pas l'idéal qu'avait formé la comtesse pour
sa fille Carmen.

Zavala était devenu député aux Cortès ; il avait
été nommé gouverneur civil de Mexico ; il avait une
grande influence et une haute situation : c'est lui que,
obstinément, elle destinait à la pauvre Carmen.
Mais elle avait été, assurait-on, ruinée par cet
homme, et, tout récemment, dans une maladie,
il lui avait fait signer, pour ses honoraires de médecin ou d'intendant, un bon de 25,000 piastres,
125,000 fr., somme énorme pour elle. Rien ne la
détournait de son idée. Le relèvement de la famille
semblait être à ce prix. Zavala était la planche de
salut dans le naufrage.

Il y a plus ; on imputait à cet intrus la mort de
Don José, du jeune comte de Miravalle : « Pure
calomnie, disait-elle ! on était jaloux de Zavala, on
ne l'aimait point, on lui en voulait. » Et il y avait
des scènes avec Carmen, des explications, des vio-

lences. Carmen a laissé une confidence terrible dans son journal : sa mère la battait, sans que jamais Carmen se départît du respect qu'elle lui devait. Seulement elle allait auprès de sa bonne sœur Merced, auprès de Serrano qui avait été nommé à Valladolid. Elle se faisait inviter par eux. Le voyage était une fuite, et Valladolid un asile.

# XX

LE GÉNÉRAL BARRAGAN ET LE DÉPUTÉ ZAVALA. EXIL DE BARRAGAN

Serrano et Barragan ne lui conseillaient pas davantage Merino, qui n'avait aucune position dans l'Etat; mais ils l'approuvaient de refuser Zavala. Ils détestaient Zavala. Serrano ne songeait qu'à l'accuser publiquement; Barragan voulait biffer son compte avec Madame de Miravalle et anéantir ses prétentions d'honoraires. Zavala avait du crédit, mais ils pouvaient encore lutter contre lui. Barragan obtint en effet un premier succès; il fit annuler l'engagement de 25,000 piastres, arraché à la comtesse malade, et le réduisit à 6,000. Malheureusement deux partis divisaient la République: les Escoceces et les Yorkinos; les *Escoceces* ou Mécontents, composés de seigneurs créoles, d'anciens généraux còmme Negrete et Bravo, de catholiques ardents, parmi lesquels on voyait des Bourboniens ; les *Yorkinos*, parti démocratique et révolutionnaire, affilié aux loges maçonniques de New-York d'où ils tiraient leur nom, et se recrutant parmi les avocats, les journalistes, les professeurs, les marchands, surtout parmi les négociants et les ouvriers des ports de Vera-Cruz et d'Acapulco. Les Yorkinos étaient les plus nombreux, les plus influents, ceux qui criaient le plus et qui joignaient au talent l'audace. Le général Guerrero était pour eux, et le président de la République Guadalupe Vittoria subissait leur empire. Les Yorkinos parlaient comme les Jacobins de France, et une Révolution sociale était à l'horizon.

Un moine, Arenas, la voulut prévenir. Intrépide et intelligent, ayant le mot d'ordre de beaucoup de conservateurs et de beaucoup d'évêques, il forma un complot. Il fut découvert et fusillé, et une foule de prêtres, une foule de grands personnages, Negrete entr'autres, furent emprisonnés.

Montino vint après Arenas. Il ne parla pas des

Bourbons d'Espagne comme celui-ci, mais du parti conservateur, qui seul devait, selon lui, gouverner le Mexique, et il s'éleva contre le président Vittoria, qui était l'esclave de la Révolution, et contre le général Guerrero qui en était le chef. Le vice-président, l'illustre général Bravo, adopta ses idées, et Barragan fit de même. Un abîme de maux s'ouvrit alors pour celui-ci. C'est là que l'attendait Zavala, devenu Corregidor de Mexico et chef suprême de la justice municipale. Dans cette position, s'il faut en croire les papiers de famille des Miravalle, Zavala fut un second Catilina, un Saturninus, menaçant tous les grands noms du Mexique, et servi par des nuées d'alguazils, c'est-à-dire par une bande de scélérats, *una caterva de pillos*. Il parla au président Vittoria; il l'engagea à s'appuyer résolûment sur les Yorkinos, sur les révolutionnaires les plus avancés, s'il voulait sauver son pouvoir. Les partisans de Montino furent arrêtés. Le général Bravo fut condamné à un exil de six ans. L'Ostracisme des républiques anciennes était appliqué au Mexique. Les Yorkinos devenaient aussi ombrageux que les Athéniens.

Zavala, dans le Congrès, n'avait pas été le dernier à voter contre Bravo. Mais restait Barragan, restait l'héroïque et sage vainqueur de Saint-Jean d'Ulloa. On pense dans quel état devait être la famille Miravalle! Merced avait grand'peur pour Serrano son mari, compagnon d'armes et ami de Barragan. En temps de révolution les amitiés sont funestes, les parentés aussi, les alliances, tout ce qui semble annoncer une communauté d'idées. D'autant plus qu'il y avait autre chose contre lui. On avait prononcé le nom du roi d'Espagne, dans les derniers complots ; on pensait que les Espagnols, ceux qui étaient du parti mexicain, secondaient ce mouvement d'opinion, et il était question de les chasser, comme autrefois on avait chassé les Maures de l'Espagne ; or Serrano était Espagnol.

De tous côtés on fit agir auprès de Zavala. Manuela agit par elle-même ; elle agit par la comtesse sa mère, à qui Zavala devait tant, *a quien tanto debe*. Carmen s'employa aussi, à ce qu'il paraît ; mais tout fut inutile. Manuela et sa sœur, *su hermana*, ne purent fléchir cet homme ingrat et méchant. *La pobre madre* n'eut que des mortifications sanglantes, *patadas y manazos*, disent les archives de la famille, des coups de main, des coups de pied, comme si Zavala n'imputait qu'à elle ses déceptions matrimoniales et ses affronts. C'est ainsi que Manuela, dans une lettre à Merced, nous décrit le bon accueil de Zavala (1)

La comtesse commençait à se désabuser sur son favori; le masque lui tombait des yeux. Elle y vit plus clair, lorsque Barragan fut exilé à son tour pour six ans, sans solde, ou avec la demi-solde seulement (2), et qu'elle-même, le 15 mars 1828, dut l'annoncer à ses filles. Le 20 du même mois, elle annonça autre chose, une plus grande injustice, une violence inouïe. Comme si Barragan ne se pressait pas assez de partir, tout banni qu'il était, *desterrudo*, et que, à sa campagne près de Mexico (3), il conspirât sans doute avec sa jeune épouse et deux petits

---

(1) Arch. de la fam. lettres de Manuela et de la Comtesse. Voir aussi La Renaudière, p. 204 à 208, pour les Yorkinos ou Jacobins du Mexique.

(2) Ibid. p. 206.

(3) Ne pas confondre cette campagne avec *Manga de Clavos*, la célèbre retraite de Santa-Anna. Cette confusion a été faite.

enfants, des alguazils se présentèrent chez lui subitement, dans la nuit. Ils l'enlevèrent de cette retraite, malgré les pleurs de Manuela, de Joaquin, de Lalita, et ils allèrent l'enfermer, au milieu des mers, où donc? à St-Jean d'Ulloa, conquis par lui sur les Espagnols, et dans ces cachots de l'Inquisition dont il avait lui-même muré les portes.

XXI

CARMEN FUIT LOIN DE ZAVALA. ANGOISSES
TERRIBLES. DÉPART POUR LA FRANCE

ZAVALA n'avait rien empêché; bien plus, il
avait tout voulu. Il persécutait et ruinait
Barragan. Il se vengeait, et il trônait toujours à
l'hôtel Miravalle, seul avec la comtesse : lui, l'acca-
blant de reproches pour le mariage manqué; elle,
ne pouvant pas se défaire d'un Intendant mêlé à tout
et devant qui elle tremblait. Ce n'est qu'au mois
d'avril, et vers la fin, qu'elle apprit à ses filles la
rupture attendue et si lente à venir. Mais comme
elle se défiait encore d'elle-même, de sa faiblesse,
du joug invétéré qu'elle subissait, elle donna à Carmen, à celle qu'elle maltraitait parfois pour ce
mariage et qui n'était jamais rassurée, un *permis*

d'éloignement pour un autre hémisphère dont l'Océan la séparait.

Il faut ici laisser la parole à l'infortunée Carmen. Par ses lettres à sa mère, lettres affectueuses, reconnaissantes, émues, toujours pleines de déférence et d'égards, elle nous dira, jour par jour, ses pérégrinations dans le Mexique, ses approches de la mer, ses apprêts du grand voyage, et les déchirantes, mais nécessaires agonies du départ. Elle écrit pendant les tribulations de Barragan et après les infructueuses démarches.

« Ma très estimable mère, dit-elle le 2 février
» 1828, grâce à l'intervention de ma sœur Manuela,
» vous m'avez accordé la permission de faire le
» voyage de France. Je vous en remercie beaucoup.
» Nous quitterons bientôt Puebla, où je me trouve
» avec Merced; car Merced et Serrano, démission-
» naire de l'armée mexicaine, et leur fils Célestin
» partent, vous le savez, en même temps que moi.
» Je ne serai pas seule, et, une fois arrivée en
» France, ce sera un grand plaisir pour moi de
» recevoir vos précieuses lettres.

« Vous avez la bonté de m'assurer une pension
» de cinquante pièces, *cincuenta pesos* (250 fr.) par
» mois, et vous me dites de vous désigner quelqu'un
» qui recevra en mon nom et donnera quittance.
» Je vous indique Paz le sénateur. Je me suis
» entendue avec lui, et il remplira cet office. Veuillez
» aussi m'envoyer mon extrait de baptême, et croyez
» que vos bons procédés, dans cette circonstance,
» excitent en moi une reconnaissante affection,
» *han movido en mi corazon grandes afectos.* »

Après cette lettre un peu tendue et sérieuse, qui annonce que tous ces arrangements n'avaient pas été obtenus sans difficultés, elle écrit de nouveau, le 17 du même mois, et il y a plus d'expansion dans ses paroles. Elle dit cette fois : « Ma très-chère mère! » puis elle ajoute : « J'ai reçu les cinquante » piastres, que vous m'avez envoyées par anticipation » pour le mois de mars. Si c'était un effet de votre » bonté, et que vous puissiez m'avancer dès à pré-» sent ma pension de toute l'année, ou du moins une » partie, vous me feriez le plus grand plaisir. Allant » en France, il y a des achats que je tiens à faire,

» *tengo que hacer.* » Elle craignait que la comtesse n'y consentît pas. La comtesse se procura l'argent, et elle le donna au sénateur Paz. Cela rompit la glace.

« Maman chérie, écrivit alors Carmen, *muy* » *querida mama*, les expressions me manquent pour » vous témoigner ma gratitude, *mi faltan voces por* » *manifestar a usted mi agradecimiento.* Vous » m'avez en outre envoyé deux piastres pour Louise, » notre bonne négresse, qui me sert depuis si » longtemps et que je suis obligée de quitter. Joint » à ce que je donne et à ce que donnera Serrano, ce » secours, que vous promettez d'augmenter succes- » sivement, sauvera de la misère la pauvre vieille, » *la pobre vieja*, qui nous a servis durant de longues » années avec zèle et fidélité. Puisque vous consentez » à vous occuper d'elle, elle ne sera pas dans » l'abandon que méritent ceux qui changent chaque » jour de maison, parce qu'on ne peut les supporter » dans aucune, *por no ser tolerables en ninguna.* » Vous savez qu'elle est infirme, *cuando es enferma;* » je vous supplie de ne pas l'abandonner. »

Elle écrivait toutes ces lettres de Puebla ; mais, le
1ᵉʳ mars, elle n'était plus là. Elle avait fait ses
paquets, avec Serrano, Merced, toute la famille, et,
à travers la Cordillière d'Anahuac, peuplée d'Indiens,
elle s'acheminait vers la mer. « Mon départ du
» Mexique commence, écrivait-elle à la comtesse de
» Miravalle. Nous allons vers Jalapa...; mais ce
» n'est pas sans douleur que j'ai quitté Puebla, et
» que j'approche du moment où je me séparerai de
» tout ce que j'aime le plus au monde. Je ne perds
» pas l'espoir de nous voir réunis un jour, si Paz
» peut arranger nos affaires. C'est la seule chose qui
» me donne du courage, au milieu de tant de ré-
» volutions et de tant de maux. Sans cette espérance,
» que deviendrais-je? Vous avez des amis, et vous
» avez des filles qui vous adorent, *que la adoran ;*
» l'entreprise à l'égard de Zavala n'est pas aussi
» difficile que *usted se figura.* Elle exige seulement
» de l'énergie, *y necesita de usted unicamente valor.* »
Cette énergie était précisément la chose la plus
difficile. La comtesse était seule ; Barragan la secon-
dait : mais lui-même allait être mis en cause ; on

n'obtint qu'un petit résultat. « Nous voici à Jalapa
» sur une grande hauteur, écrivit Carmen le 13 mars,
» et le général Bustamente s'y trouve. Je suis heu-
» reuse de savoir que Zavala vous a rendu le pouvoir,
» (l'obligation des 25,000 piastres), qu'il tenait de
» vous, *que Zavala volvio a ustedel poder*, etc. Dites-
» nous toutes ses intrigues et menées, *todos sus*
» *tramites*, sachant combien cela nous intéresse.
» Dimanche, à 6 heures et demie du soir, nous
» partons pour l'endroit où nous devons demeurer
» jusqu'à ce qu'on nous avise qu'on va mettre à la
» voile. Nous partirons sur la frégate *Amable-*
» *Vittoria*. Nous aurons une chambre très commode,
» puisqu'on dit qu'il y a quatre lits. On nous assure
» que le capitaine est poli et aimable. Quelle joie,
» chère maman, si les choses vont selon nos désirs,
» et si nous pouvons un jour vous embrasser, vous,
» Manuela, Miguel et leurs enfants, *y sus chiquitos!*
» Bon courage, chère maman, et ne vous affligez
» pas ! »

Elle devait donc quitter Jalapa le dimanche qui
suivait le 13 mars : mais, dix jours après, le 23, elle

était encore dans la même localité, et bien des événements avaient lieu dans Mexico à cette époque. La comtesse montrait quelque énergie, mais Barragan était en accusation devant le Congrès. « J'apprends » avec allégresse, dit Carmen à sa mère le 23, que » vos affaires avec Zavala prennent une bonne tour- » nure. C'est une consolation avant notre départ. Si » on prononce le bannissement contre Barragan, » vous pourrez l'accompagner, lui et Manuela, et leurs » enfants. »

Evidemment toutes les lettres de la comtesse de Miravalle n'arrivaient pas à leur adresse, puisque le 15 elle avait annoncé que Barragan était banni, *desterrudo*, et que Carmen l'ignorait. C'est bien plus; au moment où Carmen écrivit, Barragan était enfermé dans les prisons de Saint-Jean d'Ulloa, et l'espoir qu'elle exprimait était loin de pouvoir se réaliser.

Il y a une autre lettre de sa mère qui n'arriva pas non plus, c'est celle du 26, qui aurait fait grand'peur à Carmen. Elle annonçait qu'un Espagnol, nommé Inès, devait s'embarquer à bord de la même frégate et pour la même destination; qu'on l'aurait par conséquent, pendant toute la traversée, quoiqu'il fût, disait-on, très-ennuyeux ; que le motif de son voyage était d'acheter des livres à Bordeaux, et enfin que ce voyageur inattendu était un ami de Zavala.

Se figure-t-on l'effroi qu'aurait eu Carmen, en apprenant qu'elle allait avoir auprès d'elle, jusqu'en France, un ami de Zavala, un surveillant, un inquisiteur, un témoin de tous les instants ? Elle ne le sut pas ; car, le 5 avril, elle était depuis plusieurs jours à Vera-Cruz, ayant quitté Jalapa, et elle écrit à sa mère qu'elle ne reçoit plus rien de Mexico, qu'elle est toujours avec la lettre où on lui dit qu'il n'y a rien de nouveau dans la famille. « *Mi querida* » *mama, mi Manuela amadissima,* dit-elle ! Je m'at- » tendais à recevoir de vos lettres. Aucune n'est » venue. Ce qui me console, c'est que, dans votre » dernière de Mexico, vous me disiez qu'il n'y avait » rien de nouveau dans la famille, *nuevo en familia* » *nada.* Nous ne recevrons plus de lettres maintenant. » Nous sommes au moment de partir. Le 3, nous » serions déjà partis, sans un vent du nord qui nous » a retenus au rivage. La vue de la mer, qui, je le

» croyais, devait me causer une impression profonde
» de terreur, *que creï me causarse una impresion terri-*
» *ble de terror,* m'a remplie seulement de conster-
» nation et de tristesse, *solo me llena de tristeza y*
» *abatimiento,* en considérant quelle immensité
» d'espace liquide va me séparer de vous, *al conside-*
» *rar qual inmensidad de agua me ha de separar de*
» *usted.* Cette pensée est ce qui déchire mon cœur
» et le remplit d'amertume, *que despedaza mi corazon,*
» *y lo llena de amargura.* De la maison où nous
» sommes, on voit parfaitement la mer, et, depuis
» notre arrivée, je n'ai pas eu de plus grande occu-
» pation que de me promener au balcon, pour
» contempler ces ondes et cet espace infini, qui vont
» me porter à une si grande distance de vous. O ma
» Mère ! O Manuela ! Cette considération me fait
» frémir, *me horroriza,* plus que la crainte de la
» mer, *mas que lo de mar.* Certainement l'aspect de
» la mer est terrible, mais il ne m'effraie pas trop.
» Le jour de notre arrivée, nous vîmes de la plage
» deux navires qui étaient sortis dans la journée,
» *que salieran en dia,* et dans l'un desquels se

» trouvait une de mes amies, Mercedita Suberbia...
» Quelle impression firent sur mon cœur ces maisons
» flottantes au milieu des mers, *in medio del mar!* »

Puis viennent les illusions, les suppositions consolantes que produisait l'absence de nouvelles. « Je » suppose, dit-elle, que le pauvre Miguel, *el pobre* » *Miguel*, est maintenant à Mexico.... »

Si elle avait su que Miguel, c'est-à-dire Barragan, son illustre ami et beau-frère, était là en face d'elle, sur ce mont d'Ulloa qui se dressait devant Vera-Cruz; qu'il y était prisonnier; qu'il ne savait ce qu'on ferait de lui, et que la terreur était partout, quel chagrin n'aurait-elle pas eu, ajouté à tous ceux qui l'oppressaient. Elle pensait aussi à son cher et honnête Merino, qui, de son côté, avait dû s'exiler à Valladolid et qui se désespérait. Tout lui faisait défaut. Les mariages auxquels son imagination s'attachait n'avaient pas réussi, et, pour éviter celui qu'elle abhorrait, elle cherchait un autre continent et une autre patrie.

Enfin le jour du départ arriva, jour déchirant, jour nécessaire. « *Mama de mi corazon*, s'écria-t-elle

» aussitôt dans une nouvelle lettre et dans un dernier

» élan, *Manuela de mi alma,* maman de mon cœur,

» Manuela de mon âme, c'en est fait! aujourd'hui

» nous nous en allons, *hoy, hoy nos bamos.* Par la

» douleur que j'éprouve, jugez de mes sentiments

» pour vous. Et nous partons sans lettres de vous,

» sans aucune nouvelle, sans savoir comment vous

» vous trouvez, et avec la crainte qu'il ne soit

» survenu d'autres disgrâces ; car on ne les épargne

» pas à notre famille depuis quelque temps, *estas*

» *son tan abundantes en nuestra familia !* Donnez

» vos lettres au sénateur Paz, sous son nom, avec

» son adresse; il les enverra à D. Jose Maria Pasto,

» négociant de Vera-Cruz, qui nous les transmettra

» à Bordeaux. Surtout parlez-nous de l'affaire

» pendante entre maman et Zavala..., et recevez,

» maman de mon cœur, et vous Manuela, les tendres

» embrassements de votre troisième fille et deuxième

» sœur, *su amante y tierna hija y hermana* (1). »

Ils s'embarquèrent, c'était le II avril 1828, faisant

---

(1) Lettres de Carmen à la comtesse de Mirav. et à Manuela, etc. Liasse nº 9.

voile vers la France et vers Bordeaux. Le bon sénateur M. Paz régla les affaires avec Zavala, et tâcha de vendre les biens des Miravalle; biens considérables, mais incultes, ravagés, complètement dépréciés et dont personne ne voulait. On ne trouve pas facilement à vendre, dans les Révolutions; il faut donner plutôt que vendre. Les deux sœurs Carmen et Merced étaient encore en mer avec Serrano, lorsque le 23 avril, la comtesse écrivit une lettre qu'elles reçurent en France et qui courut sur leur pas à travers l'Océan. La comtesse faisait enfin sa confession à ses filles. Elle leur disait qu'elle avait été aveuglée sur le compte de Zavala ; qu'elle déplorait les divisions que cet homme avait occasionnées dans la famille ; qu'elle lui demandait raison de ses *dilapidations,* le mot est d'elle ; qu'elle se séparait de ce tyran, *separarme de esto tirano,* et qu'elle faisait sa paix avec ses filles, *hacia paz con su hijas* (1).

Là est le secret du départ de Carmen ; c'est que

---

(1) Lettres de la comtesse de Mirav., 23 avril 1828, et lettre de M. Paz sur l'oblig. de 25,000 p. Liasse n° 12.

la comtesse, malgré quelques assurances, n'avait pas encore renvoyé Zavala. Elle tenait toujours à son intendant. Ni le rôle de Zavala envers Barragan, ni le mauvais accueil, ni les refus, ni les bannissements, ni les enlèvements de nuit, ni l'emprisonnement à Ulloa, rien de l'avait suffisamment éclairée. Nous en disions trop sur ses dispositions; nous annoncions trop tôt la rupture, puisque elle-même n'en parle que le 23 avril, lorsque ses enfants sont en mer et approchent des côtes de France. Elle aimait beaucoup ses filles, mais elle ne voulait pas leur céder. Elle mettait dans la résistance une sorte d'entêtement autoritaire, et elle se consumait à soutenir un homme indigne, à le soutenir par amour-propre, quand elle ne pouvait plus le garder par affection. A Dieu ne plaise que j'accuse ici une mère respectable, et adorée de Carmen ! Ce serait faire outrage à une grande famille historique dont je raconte les malheurs : mais, avec les dates, on fixe les situations, et, sans chronologie, il n'y a point d'histoire.

XXII

PÉRÉGRINATIONS DE BARRAGAN SUR L'OCÉAN PACIFIQUE

PENDANT que l'*Amable - Vittoria* parcourait l'Océan atlantique, chargée d'émigrés, un autre navire était lancé dans un sens opposé, sur l'Océan Pacifique ou mer du Sud, ne portant qu'un seul passager, et voguant un peu d'après un mot d'ordre. La comtesse, dans cette même lettre du 23 avril, adressée à Carmen, *a mi amada Carmelita mia,* lui dit que Barragan est revenu à Mexico, et qu'il en est reparti. « On croit, ajoute-t-elle, qu'on le conduit » à Valladolid. Manuela et moi sommes inconso- » lables et pour nous et pour lui. » Encore si on l'avait laissé à Valladolid! Mais on lui fit traverser toute la largeur du Mexique jusqu'à la mer du Sud, près du golfe de Californie, et là, à 200 lieues ouest de Mexico, dans le port inhabitable et infect de San-Blas, on l'embarqua sur un vieux brick, qui le dirigea vers la mer Pacifique, comme pour l'y faire périr. Ce navire, ou plutôt cette flottante prison, portait l'honneur même du Mexique, le patriote le plus pur de la révolution mexicaine, comme Hoche l'avait été de la révolution française. Ainsi Alcibiade, ainsi Thémistocle avaient erré sur toutes les mers, subissant la dure loi de l'ostracisme démocratique. Barragan était mieux qu'eux. Jamais vindicatif, toujours chevaleresque et maître de lui-même, il toucha à Guatemála; puis il descendit plus bas, dans des régions plus éloignées du Mexique et moins connues de lui, à Guayaquil, près du Chimboraço et du volcan de Quito. Sa réputation y était parvenue. On lui fit l'accueil le plus flatteur. Banni et captif au milieu des mers, il était plus honoré que bien des Mexicains dans leur patrie, et même moins malheureux.

XXIII

LA COMTESSE DE MIRAVALLE, MÈRE DE CARMEN, SE DÉCIDE A QUITTER AUSSI LE MEXIQUE, AVEC LE RESTE DE SA FAMILLE

LA rivalité de Vittoria ou des *mitigés*, de Pedrazza ou des purs conservateurs, *escoceces*, comme on les appelait, et de Santa-Anna ou des *Yorkinos*, ensanglantait Mexico et tout le Mexique. L'expulsion des Espagnols était prononcée, et elle jetait dans le pays un nouveau brandon de discorde. Un gouvernement provisoire, dont Zavala faisait partie, était formé. Zavala n'était plus simple député, simple gouverneur; il était ministre de *Hacienda*, c'est-à-dire de l'agriculture et des travaux publics, ministère important entre ses mains. D'autre part, le sénateur Paz était mort. M. de Peña, chargé d'affaires de la comtesse, n'avait pas été adroit ; il redoutait Zavala, et, malgré la réduction à 6,000 piastres de l'engagement de 25,000, il avait fait avec Zavala un arrangement désastreux. Les domaines des Miravalle y Montezuma, grands comme des provinces et si riches en perles sur les côtes de la Californie, n'avaient été estimés que 150,000 piastres, à peine 1 million, lorsqu'ils valaient au moins dix fois plus (1).

« Rentrez au Mexique, écrivit un autre ami de la » famille, M. Casasola, à Merced, à Carmen, à » tous ceux qui émigraient. On ne vous fera rien, et » vos biens auront plus de valeur. Vous serez aussi » plus sûrs d'en toucher le montant. » Inutile conseil ! Merced et Carmen, le colonel Serrano et son jeune fils, le général Aghea et sa famille, le général Rodrigue Cela, Negrete, et une foule de Mexicains de distinction arrivaient à Bordeaux, pour ne pas le quitter, et d'autres Miravalle allaient suivre. Manuela

---

(1) Papiers de famille, liasse 15, et La Renaudière, page 210.

voulait se sauver avec ses deux enfants; Manuela n'écoutait que la peur, et la comtesse de Miravalle elle-même, si patriote, si mexicaine, mais attristée, malade, accablée de regrets et mère avant tout, était décidée aussi à partir avec elle. Ensemble en effet, inquiètes, effrayées, ahuries, ne sachant ce qu'était devenu Barragan et le croyant mort, elles ramassèrent le plus de fonds qu'elles purent, et, à Vera-Crux en 1828, trois mois après Carmen, elles s'embarquaient à leur tour pour l'Europe.

Quoique la comtesse de Miravalle fût souffrante, la traversée ne se fit pas bien mal. Le chagrin de quitter sa patrie, de s'enfuir dans un autre hémisphère, ne semblait pas trop peser sur son cœur. Elle était avec Manuela, la plus jeune de ses filles; elle était avec Joaquin et Lalita, et elle allait rejoindre Merced et Carmen; elle les verrait bientôt; elle porterait au comble leurs vœux et leur bonheur. Mais, à quelque distance des côtes de France, un mal soudain, irrésistible se déclara, *qué fué tan repentino malo.* « Préparez-moi des habits de » deuil, mes chères sœurs, écrivit Manuela, en abor-

» dant en France. Notre mère n'est plus. Elle avait
» eu des vomissements au Mexique, un mois avant
» notre départ. Dans le trajet, elle fut indisposée de
» nouveau. Le capitaine, qui est un peu médecin,
» nous dit ce qu'elle avait, *que tenia una hernia.*
» Elle a succombé, et je vous écris du Lazaret de
» Marie-Thérèse, où nous sommes en quarantaine
» pour 12 jours. » Cette lettre est dans les papiers de
famille, à la date du 27 juillet 1828.

Après une existence si brillante, si prospère souvent, et toujours honorée, la comtesse de Miravalle, mariée avec le descendant direct de l'Empereur Montezuma, pas très âgée encore, 49 ans, mais consumée d'émotions et d'ennuis, meurt sur un hamac de navire, au milieu de l'Océan, et sa fille Manuela, enveloppée d'un crêpe noir, arrive seule à Bordeaux, sans amis, sans connaissances, n'ayant tout autour que des fugitifs et des émigrés, tristes comme elle, et comme elle malheureux.

XXIV

ÉMIGRATION TROP PRÉCIPITÉE

QUELLE différence avec le voyage de Queretaro, lorsque Manuela et Carmen étaient
reçues comme des princesses, et elles l'étaient par
leur origine. Tout l'état-major, toutes les classes
de la population, toutes les fanfares du régiment
et de la ville étaient sur pied; les cloches de vingt
églises retentissaient dans les airs; les voitures des
ducs et des marquis venaient les chercher, et, avec
Barragan, général et gouverneur, on les menait à la
Cathédrale, où l'évêque les attendait, pour rendre
grâces au Ciel de leur arrivée et de leur présence.
C'étaient des reines, et Barragan était un Dieu.

Eh bien, je crois aussi qu'elles prirent peur trop

tôt, comme le leur disait M. Casasola. Les revirements sont prompts en Révolution. Il y eut au Mexique des convulsions terribles, mais rapides, un feu croisé de manifestes et de plans : plan de Santa-Anna, plan de *Zalapa* ou de Bustamente, plan de Guerrero, et des Yorkinos; démission et supplice du président Guerrero, que l'on n'aimait pas, parce qu'il était de couleur; victoire décisive de Tampico, gagnée par Santa-Anna sur 34 mille Espagnols qui étaient venus venger leurs frères. Les *Escoceces,* le parti des vieux colons et des grands propriétaires, étaient les plus forts, et ils se recrutaient des modérés de tous les partis. Ce sont eux qui élurent président le général Bustamente en 1829, un ami de Barragan, et Barragan fut rappelé; il rentra à Mexico le 23 novembre de la même année : ce fut le retour de Marcellus. En 1830, nous le voyons à Guadalaxara, deuxième ville du Mexique pour l'importance. Il est investi du commandement général de la province; mais il y est seul, et il y reste trois ans, sans Manuela ni Carmen, sans ses enfants, sans personne.

XXV

MANIFESTE SANGLANT DU COLONEL SERRANO CONTRE ZAVALA

Q UEL beau moment pour cette famille de se réunir et de se retrouver ensemble au Mexique! D'autant plus que le gouvernement provisoire était tombé, et que Zavala, ambitieux ami des Jacobins ou Yorkinos, n'était plus que député au Congrès. Une brochure terrible circulait contre lui, brochure imprimée à Mexico en 1829 et que nous copions, dont le courageux auteur n'était autre que le colonel Serrano. En quittant le Mexique, en faisant retraite vers l'Europe, le colonel n'avait pas tardé à envoyer un souvenir à son ennemi qui alors était

ministre, et à venger la famille. C'était le trait du Parthe et un trait sanglant, vigoureux, presque mortel. « Sa vie, dit-il, a été exécrable, *su ejecrable vida.*
» Ses actes ont fait un mal immense à la République,
» *males sin numero*, et ses crimes sont publics au
» Mexique, *son bien publicos en Mejico.* Il y en a un
» surtout qui étonnerait Néron lui-même, s'il reve-
» nait au monde, *uno capaz de aterrar a Neron, si*
» *reviviese.* »

Et Serrano s'apprête à le dire. « Zavala s'est élevé
» au poste de Secrétaire d'Etat du ministère de *Ha-*
» *cienda* par un échelon d'innombrables et horribles
» méfaits, *por una escala de innumerables y horroro-*
» *sas maldades;* ce loup dévorant s'est introduit sous
» la peau de brebis, *con piel de oveja*, dans notre
» bonne et généreuse nation mexicaine. Ayant reçu
» le meilleur accueil dans une des maisons les plus
» considérables de la capitale, *una de las casas mas*
» *fuertas*, la maison de la comtesse de Miravalle,
» *en la casa de la condesa de Miravalle;* ayant trouvé
» là estime, richesse, relations, tous les avantages,
» en un mot, *y todo, todo,* qui se rattachent à ce

» grand nom, l'infâme, *este infàme*, ne répondit à la
» bonté et à la confiance de la noble dame que par
» l'ingratitude et la méchanceté, et il a couvert sa
» bienfaitrice d'amertume et de deuil, *luto y amar-*
» *gura*, non seulement la bienfaitrice, mais toutes
» les personnes de la maison. Il voulut s'ériger en
» chef, en maître absolu de cette illustre famille,
» *queria erigirse en gefe de esta ilustre familia;* et
» il ne craignit pas de mêler du poison, *non titubeo*
» *en mezclar un veneno*, aux aliments du jeune
» comte de Miravalle, *con los alimentos del joven*
» *conde de Miravalle*. Cela fait, et en sacrifiant cette
» victime, *sacrificada la victima*, il devenait le maî-
» tre de cette grande seigneurie, *de aquel caudal*. »

Nous analysons une relation signée et imprimée;
notre rôle est celui de chroniqueur, et non de juge :
mais enfin voilà sans doute le crime dont Néron eût
été effrayé, selon le mot du colonel Serrano. « Une
» fois maître, ajoute-t-il, cet homme, profondément
» immoral, se vautra dans tous les plaisirs. Tous les
» Mexicains connaissaient son immoralité, *su immo-*
» *ralidad*. Il s'y livrait sans rougir, *sin rubor*. Sa

» maxime était : L'homme doit toujours faire ce qui
» lui est avantageux. — C'est lui qui poussa le plus
» Iturbide à se faire empereur, et à ruiner la liberté,
» après l'avoir rétablie; c'est lui qui le précipita vers
» sa chute; c'est lui qui l'abandonna, et se fit tour
» à tour *bourbonien, yorkino,* tout ce qu'on voulut.
» Il devint ainsi gouverneur de Mexico; il eut une
» bande de coquins à son service, *caterva de pillos,*
» *como un nuevo Catalina;* il perdit et ruina Bravo et
» Barragan. Les prières de Manuela, les instances
» de la comtesse, à qui il devait tant, ne servirent de
» rien. La comtesse fut même chassée de sa maison,
» où il s'établit, disant que seul il était maintenu
» dans cette noble demeure, *mantenudo en esta*
» *casa.* » (Voir aux pièces justificatives.)

Ces derniers mots de Serrano sont terribles, s'il
n'y a point d'exagération. Tout n'était donc pas fini
avec Zavala, même après la lettre du 23 avril 1828.
Il y avait une sorte de proscription et de spoliation
officielle, étendue à la comtesse de Miravalle. Voilà
pourquoi Serrano ajoute tristement : « Mise hors de
» sa maison, *expelida de casa,* la comtesse s'embar-

» qua avec ses filles, pour n'avoir plus devant les
» yeux ce monstre, auteur de ses maux (1). »

---

(1) *Los Crímenes de Zavala, impreso en Mejico*, 1829, et lettres de Merced, 25 octobre 1823, annonçant à ses sœurs la mort de Don José de Mirav. (Voir pièces justificat. le texte entier.)

XXVI

CARMEN ET SA SŒUR MANUELA EN FRANCE

I L semble que Manuela, alors âgée de 21 ans en
1830, et ayant des enfants de 7, de 8 ans, n'avait
qu'à revenir au Mexique, et à rejoindre son époux
Barragan, redevenu gouverneur de province sous
un gouvernement ami. Mais Manuela avait touché
la terre de France, la brillante civilisation française, et, malgré la Révolution de 1830, elle ne voulut pas s'en séparer. Merced était à Bayonne avec
Serrano, cherchant à entrer en Espagne. La famille
de Serrano y possédait de grands biens en Andalousie, et lui-même était en marché pour acheter, en
Biscaye, une belle fabrique de fer, *la Ferreria,* que
les Carlistes bientôt devaient ravager. Il s'était donné

au Mexique, quoique natif espagnol, et il s'en était désaffectionné. Il n'avait qu'à attendre que le roi d'Espagne Ferdinand VII lui pardonnât d'avoir combattu les troupes royales au Mexique et favorisé l'insurrection mexicaine : ce qui ne tarda point.

Carmen seule était à plaindre, Carmen qui n'était pas encore mariée, quoique ayant 26 ans, et qui résidait auprès de Serrano dont l'esprit calculateur la fâchait parfois. Elle vivait par le cœur, par le souvenir des affections perdues; les tristesses de l'exil ne faisaient que développer cette disposition naturelle. Mérino, son cher et estimable Mérino, lui avait écrit, quand elle était à Vera-Cruz, pour déplorer son départ, pour lui dire qu'elle était l'unique bien de son âme, et la prier d'écrire souvent à l'homme le plus malheureux qu'il y eût au monde. Le 12 mai, quand il pensa qu'elle n'était pas loin des côtes de France, il lui écrivit encore. Il lui dit qu'une distance immense allait la séparer de lui, qu'il sentait que ce moment approchait, mais que l'éloignement, la distance, rien ne pourrait désunir leurs âmes, enchaînées par des liens indissolubles. Il espérait qu'elle reviendrait, que cette émigration n'était qu'une fuite passagère, un moyen de salut, jusqu'à ce que fût passée la tempête.

Carmen n'avait pas cette illusion, et, avant même d'avoir reçu la lettre du 12, elle avait écrit à Mérino que jamais peut-être il ne la reverrait, que la terre de France serait pour elle la terre de l'exil, et que la pensée de son ami serait à la fois sa consolation et sa peine. « J'ai lu votre » lettre, répondit Mérino le 19 mai; je l'ai lue mille » fois et l'ai baignée de mes larmes, votre lettre, » votre écriture, votre nom. Que je suis malheu- » reux, *yo infeliz,* si je suis le seul auteur de votre » peine et celui qui altère la paix de votre âme! » Cette idée que vous êtes pour toujours en exil, est » de tous mes tourments, le plus grand que j'endure. » Pourquoi vous ai-je connue, *mi adorada, mi ama- » bilisima, Carmen divina?* Vous seriez tranquille; » le calme règnerait dans votre sensible cœur, *en su » sensible pecho* (1)! »

---

(1) Liasse n° 5, lettres de D. J. Manuel Mérino.

Du calme, il ne pouvait y en avoir. Mérino
vint à mourir, et l'affliction de Carmen redoubla.
Le séjour auprès de Serrano n'était pas fait pour
l'adoucir. Serrano, énergique et brave soldat, était
un peu raide envers Carmen. Il avait voulu quitter
Bordeaux où elle se plaisait, et elle l'avait suivi. Il
s'était fixé à Bayonne, pour se rapprocher de l'Espagne où il désirait de rentrer, et elle y était allée avec
lui. Elle y trouva quelques Mexicains; elle y vit
aussi des patriotes espagnols, de ceux qui avaient
pris part à l'insurrection libérale de 1820 et que le
roi Ferdinand avait exilés : le général Torrijos,
par exemple, qui, en Amérique, avait refusé de
combattre les Colombiens insurgés; le colonel Pinto,
autre brave, jeune encore, et qui attendait à Bayonne
des temps meilleurs.

Mais ce dont Carmen se plaignait, avec cette
susceptibilité peut-être que donne le malheur, c'est
qu'on n'avait pas assez d'attention pour elle et
qu'on ne prenait pas soin de ses intérêts. Question
délicate, et que nous n'avons garde d'approfondir.
Serrano avait rendu deux services aux Miravalle.

Il avait fait reconnaître officiellement leur descendance directe de Montezuma; il avait mis à la charge du Mexique le majorat héréditaire, qui prouvait cette auguste origine. Il avait fait plus; il s'était mesuré avec Zavala. En quittant le Mexique où on ne voulait plus d'Espagnols, il avait écrit, il avait soulevé contre Zavala l'opinion publique; il avait ébranlé le colosse, et il lui avait demandé ses comptes. Serrano n'avait pas été complètement désintéressé dans ces instances et ce combat : mais, sans un léger retour vers soi, il ne se ferait pas grand'chose dans le monde, et ce retour lui était permis, puisqu'il était de la famille. Carmen reconnaissait cela. Même à l'étranger, surtout à l'étranger, les démarches de Serrano assuraient à la famille plus de bien-être et plus de dignité. Carmen seulement réclamait moins de rudesse, elle voulait de meilleurs procédés; et Merced, la bonne Merced, qui avait sa part d'inquiétudes, conseilla à Carmen de demander l'hospitalité à l'excellente famille Endara (1) qui la reçut à bras ouverts.

---

(1) Lettre de D. Miguel Barragan, novembre 1833, datée de Jalapa, et de Manuela à Carmen, 3 juillet 1833, sur cette fuite chez Endara. Liasse 30.

Le général Barragan, avec sa sagesse, sa douceur, son autorité, manquait bien à ces émigrés que
les ennuis de l'exil, les difficultés d'un établisse-
ment nouveau et d'une vie nouvelle aigrissaient
facilement. Qui sait si l'ancienne inimitié entre les
Espagnols et les Mexicains ne se réveillait pas, près
des frontières de l'Espagne? Il ne faut pas oublier
que Serrano était espagnol. Toujours est-il que
Carmen n'avait pas grand plaisir à Bayonne, et
qu'elle y eut bientôt un autre chagrin.

CARMEN ET L'ILLUSTRE PATRIOTE ESPAGNOL JUAN PINTO. MASSACRE DE MALAGA

CARMEN était à Bayonne depuis quatre ans, et Pinto, le colonel Pinto l'avait charmée, peu à peu par sa conversation, ses manières, son air martial, son esprit. On s'attache vite sur la terre d'exil, et ils étaient deux exilés ensemble, deux personnages historiques, quoique de pays différents et même ennemis, mais parlant la même langue, l'espagnol, et représentant l'identité de race dans la séparation des Etats. Nous avons un petit coffret de lettres échangées entre elle et lui, lettres d'affection et de sympathie, et qui, jointes aux rencontres sur la place Grammont, sur la place d'Armes, sur les belles promenades de l'Adour, étaient la consolation de Carmen, plus que cela, son orgueil et son espoir. Juste orgueil assurément!

Don Juan Lopez Pinto, né à Carthagène, était une des gloires les plus pures du parti libéral en Espagne. Entré comme cadet, à l'âge de quatorze ans, au collège royal d'artillerie de Ségovie, il en fut un des élèves les plus brillants; il devint plus tard professeur de mathématiques appliquées. Pendant les guerres de l'Empire, il défendit vaillamment l'indépendance de sa patrie, dans les corps d'armée de Murcie, de Catalogne, de Valence, d'Andalousie, à côté de son frère aîné l'illustre colonel Ignacio. Il fut successivement sous-inspecteur général de l'artillerie, préfet militaire de la province de Catalayud, où l'instruction publique lui dut beaucoup, et adjudant-général à Carthagène, dans son pays natal. Certes il était fait pour plaire à Carmen, toujours éprise de ce qui était grand et beau. Elle l'estimait, elle l'admirait, elle l'aimait. Il était libéral, il détestait la Sainte-Alliance, il avait les idées républicaines des grands hommes de l'antiquité, leur abnégation, leur patriotisme,

leur foi dans l'avenir et dans la liberté des peuples.
Naturellement il était de ceux qui s'étaient soulevés en 1820 contre la tyrannie de Ferdinand VII à Madrid, et qui voulaient un gouvernement constitutionnel, le mélange de la République avec la Monarchie, la sécularisation de bien des choses dans son pays, la diffusion des lumières, et la loi du progrès inoculée enfin à l'immobile Espagne. Tous ces patriotes passaient pour des Jacobins, tandis qu'ils n'étaient que des libéraux, des constitutionnels ; et, sous prétexte que Ferdinand VII était cerné dans son palais et retenu prisonnier, que probablement il aurait le sort de Louis XVI sur la promenade du Prado, devenue la place de la Révolution, on envoya de France une armée ; on intervint en Espagne, avec le duc d'Angoulême, malgré le député français Manuel, et les patriotes espagnols furent écrasés au Trocadéro. Ce fut alors un sauve-qui-peut. Voilà comment Don Juan Pinto était à Bayonne, tandis que son frère était à Paris, tous deux s'aimant de l'affection la plus tendre, tous deux souffrant pour la même cause, celle de la liberté, et celui-là Juan

Pinto, plus près de l'Espagne et n'attendant qu'un mot pour y rentrer.

Certes il ne manquait pas de libéraux en Espagne. Le général Torrijos était leur chef. Il entretenait le feu sacré chez tous par ses conversations et ses lettres. Au dehors, au dedans il avertissait, il organisait, et quand il crut le moment venu en 1831, après la révolution libérale de France, il appela les émigrés, les bannis, les bons patriotes. Pinto ne se le fit pas dire deux fois. Il quitta Bayonne, il s'arracha aux tendres embrassements de Carmen qui était comme sa fiancée. Glorieux et fatal voyage! Il fut une des 54 victimes, sacrifiées le même jour par le roi Ferdinand VII; il fut du massacre de Malaga. « Pas un » mot de regret ne lui échappa dans ses derniers » moments, dit la *Sentinelle de Bayonne*, n° du » 7 janvier 1832. Seulement, il pensa à son frère qui » était à Paris; il embrassa son portrait, qu'il avait » toujours sur lui, comme un gage de fermeté et » d'honneur; puis il le replaça tendrement sur sa poi- » trine, en s'écriant : « *Mon frère a fait comme moi,* » *il s'est dévoué à sa patrie; il ne la veut point*

» *esclave. Si un jour il peut la sauver, il le fera, et*
» *ce sera notre plus belle vengeance.* » Calme et
» serein, il ouvrit aussitôt sa poitrine aux balles
» ennemies, qui percèrent un cœur si noblement
» vertueux (1). »

Qui fut atterrée à cette nouvelle ? Il ne faut pas
le demander ; c'est Carmen. Tout le monde lui
écrivit pour la consoler. Les lettres, qui adoucirent
le plus sa douleur, furent celles de Ignacio, frère
chéri de Pinto, celles aussi d'un bon curé espagnol,
desservant Miramont des Landes, M. d'Araguad,
qui lui écrivit deux fois, lui parlant de Juan Pinto,
de son grand cœur, *lo grandioso de su corazon*,
et du bonheur que promettaient aux deux amants
tant de qualités réciproques (2). Pinto, en partant,
avait laissé à Carmen son portrait, où aussitôt elle
avait mis ces mots : « *Tu me acompañaras eterna-*
» *mente, imagen dulce de que tierna adoro.* » Quand la
fatale nouvelle arriva, elle prit ce portrait béni, que
l'on conserve encore dans la famille ; elle le baisa en

---

(1) *Sentinelle de Bayonne*, numéro du samedi 7 janvier 1832.
(2) Lettres d'Ignacio et du curé Araguad, liasse 31.

pleurant ; elle le déposa, avec les lettres de Pinto,
dans un des coffrets que Pinto lui avait façonnés de
ses mains, et y mit une couronne d'immortelles.

Elle fit plus ; dans des vers que les parents de
J. Pinto verront avec plaisir, si jamais ce modeste
écrit passe les monts, elle exhala sa douleur, elle
la chanta sur sa lyre voilée de noir, lyre indignée et
frémissante, où vibrait le courroux d'une âme déçue
et malheureuse. Pauvre Carmencita ! aucune affection, même les plus dignes, les plus honorables, les
plus faites pour elle, ne lui réussissait ! Elle disait
donc :

> « *Se amaban tiernamente*
> Ils s'aimaient tendrement,
> « *Y tranquilos gozaban*
> Et, tranquilles, ils jouissaient
> « *Una existencia dulce,*
> D'une douce existence,
> « *Que prolongar deseaban*
> Qui ne demandait qu'à se prolonger.
> « *Mas al cruel despotismo*
> Mais un pouvoir cruel,
> « *Y la intriga malvada*
> Et une jalouse intrigue
> « *Dispuso que el muriese*
> Avaient décidé qu'il irait mourir,

« *Por défender su patria*,

    En défendant sa patrie,

« *Dejando a su querida*

    Quittant pour toujours sa bien-aimée,

« *En la pena abimada*

    Dans la peine abîmée !

« *Ella vivio infelis*

    Et elle vit la pauvre amante,

« *Triste y desconsolada*

    Triste et désolée,

« *Hasta que el fin la muerte*

    Jusqu'à ce que la mort enfin,

« *De su pena apiadada*

    Ait pitié de sa peine,

« *Despues que a su amante*

« *En la tumba encontra,*

    Et lui fasse retrouver

    Son ami dans la tombe.

« *En esta seran unidos*

    Là ils seront unis ;

« *Y tan solo reclaman*

« *La lagrimas de aquellos*

    Ne réclamant que les larmes de ceux

« *Que tiernamente se aman*

    Qui s'aiment d'un tendre amour (1).

C'était une épitaphe, pour elle et pour lui, qu'elle avait composée, dans le style simple et lugubre des véritables douleurs. Une autre épitaphe était en

---

(1) Poesias de Carmen, avec ces mots : *hecho por ella*. Liasse n° 20.

prose ; Carmen y faisait appel à ceux qui aiment la liberté, ou qui tiennent à l'amour plus qu'à la gloire... A ce double titre, elle leur recommandait de venger le martyr. *Cuyo animo sensible se inclina mas a amor, que a la gloria, tened la estima de ello, y vengad sus manes,* et soit un vengeur pour ses mânes ! (1).

(1) Même liasse n° 20.

<h1 style="text-align:center">XXVIII</h1>

VOYAGE DU GÉNÉRAL BARRAGAN
A BORDEAUX, 1834

QUE faisait Barragan pendant ce temps? Il était toujours dans les honneurs au Mexique, et ces honneurs allaient croissant. Nous sommes en 1832, pour l'histoire de Carmen et de ses cruelles vicissitudes, quand Bayonne à ses yeux s'était embellie par l'amour, par le plus honorable amour, et s'assombrissait maintenant par l'absence, par la captivité et la mort. L'année suivante, 1833, une consolation survint. Le héros de Tampico, Santa-Anna, nommé président, ne voulut pas se priver des services de Barragan; il le rapprocha de sa personne, il l'appela de Guadalaxara, ou plutôt de Puebla, sa dernière résidence administrative, pour lui confier un gouvernement plus important, le premier du Mexique, celui de Mexico (1). Il n'était pas possible de lui témoigner plus de considération et de confiance. Mais Barragan pensait à Manuela qu'il n'avait pas vue depuis cinq ans et qui était si loin de lui ; il pensait à ses enfants, à Joachin, qui était au lycée de Bordeaux, à Eulalie qui apprenait le français dans une bonne Institution de cette ville et faisait des progrès merveilleux, vive, alerte, intelligente comme sa mère, et se plaisant au milieu de l'animation tranquille de cette belle cité. Il n'oubliait pas non plus Carmen, l'ayant appréciée autrefois à Queretaro et à Valladolid. En 1834, il était sur le point de faire le voyage d'Europe pour revoir ces chers émigrés. Mais un soulèvement considérable éclata ; la guerre civile gronda de nouveau autour de Mexico. Il fallut marcher avec Santa-Anna, et se battre à la grande journée de Guadalupe. Les insurgés une fois vaincus, il put enfin obtenir un congé de six mois et effectuer son voyage (2).

---

(1) La Renaudière, p. 218-224.
(2) Pap. de fam. Liasse n° 12. La Renaudière, p. 224.

Barragan vint donc à Bordeaux en 1834, puis il alla à Bayonne; il en ramena Carmen qu'il recommanda à toute l'amitié de Manuela; il consolida ses fonds, déposés chez un banquier de Paris, et, quant à ses droits sur la succession de Mme de Miravalle, il se les fit céder provisoirement pour 20,000 piastres. Les intérêts de cette somme, qui était loin de représenter tout ce que Carmen pouvait avoir, devaient lui être payés par un vieil ami de Barragan (1), un armateur de Bordeaux, ancien négociant de Vera-Cruz, l'honorable et dévoué M. Zuniga.

Barragan, on le pense bien, vit aussi à Bordeaux toute la pléiade des généraux mexicains, qui s'était grossie de Castro, de Molino, de Bustamente même. Il les consola, il les rassura, il leur donna bon espoir, et en effet, rentré au Mexique à la fin de l'année 1834, il ne tarda pas à leur envoyer de bonnes nouvelles.

---

(1) Liasse nº 6. Trois lettres de Barragan à Zuniga, 1831.

XXIX

PRÉSIDENCE ET MORT DE BARRAGAN

UN grand pays se détachait de la Confédération Mexicaine, le riche pays du Colorado
et du Rio-Trinidad, le Texas, possédant 40 mille
hectares de terres et 200 mille esclaves. Santa-Anna
luttait, pour conserver au Mexique cette belle contrée.
Mais les *pronunciamentos,* l'anarchie, les révolutions
continuelles, souvent les principes des Jacobins
déplaisaient aux Texiens, à une population aristocratique de planteurs. Ils résistaient, ils y mettaient
de l'acharnement, et les Etats-Unis les soutenaient
secrètement, en vue d'une annexion prochaine.

Désespérant de les réduire et en butte à des accu-

LE GÉNÉRAL MIGUEL BARRAGAN
Président de la République du Mexique

Le Général Miguel Barragan
Président de la République du Mexique

sations, Santa-Anna se démit du pouvoir, et tout le Mexique fut aussitôt en émoi pour l'élection d'un nouveau président. Le choix tomba sur Barragan, et voilà don Miguel de Barragan, le 2 février 1835, élu président de la République du Mexique, un Cincinnatus, mais prenant le pouvoir au milieu des plus grands orages civils. Il s'appliqua à tout calmer, s'occupa peu du Texas qui était perdu, rapprocha les partis ennemis, prêcha la concorde comme un moyen de conservation et de force, apporta à cet apaisement la patience et le tact d'un Fabius Cunctator, et rappela les généraux exilés, surtout l'illustre Bustamente qui avait été président en 1829; il n'oublia pas le peuple; il secourut les malheureux de ses deniers ; il ne termina jamais ses audiences sans faire du bien, et il rendit un instant au Mexique étonné une sorte d'âge d'or.

« Manuela et ses enfants vont venir, disait-on » autour de lui. La position est trop belle; une jeune » femme, et jolie femme, en voudra jouir. » Manuela appréciait trop les délices de la vie bordelaise; c'était un avant-goût de la vie parisienne, et elle ne voulait point s'éloigner. Carmen, seule et souffrante, n'osa pas tenter le périlleux voyage.

La famille pourtant, quoique errante et vendant ses biens, se posait de nouveau sur la cime des monts. Barragan l'aidait et elle reprenait courage (1). Elle s'élevait avec lui ; elle faisait halte dans la décadence, elle refoulait le courant, que, d'ordinaire, on ne remonte pas deux fois. Si cela avait pu durer seulement! Barragan n'avait que 46 ans; on pouvait l'espérer. Il avait été promu au suprême honneur, et la statue antique se dressait sur son piédestal. Il recevait le nonce du pape et les ambassadeurs; il avait ses agents et ses ministres; il tenait les balances de la loi. Propugnateur du Mexique, il portait l'épée qui attaque et le bouclier qui défend; il convoquait les congrès, il avait le droit de grâce, il signait la vie ou la mort, et, au titre près, il régnait comme avait régné Montezuma, ayant d'ailleurs à ses côtés une de ses descendantes. Cette gloire resplendissait depuis un an... Mais tout à coup, le

______

(1) Lettres de Merced et de Serrano, 1834, 14 août et 5 septembre 1836, 24 mai. Arch. de la fam.

3 mars 1836, que vois-je dans le *Diario de Mexico?*
Je vois tous les balcons, tendus de draps blancs à
nœuds noirs; des pénitents noirs, et des femmes
avec des croix de bois; des tambours voilés, au
son mat et sinistre; des troupes consternées, tout le
corps diplomatique qui suit, toute la population en
larmes, un clergé nombreux avec le premier pasteur
de la capitale, le drapeau national couronné de
deuil, et enfin un cercueil splendide, avec des
devises, des lauriers, un glaive de bataille et tous
les insignes du commandement. C'est un long
convoi qui passe, c'est un mort illustre que l'on
pleure, et ce mort de l'avant-veille, c'est Don
Miguel de Barragan.

Manuela et ses enfants eussent été là à leur
place. Leur présence était doublement nécessaire,
aux magnificences de la vie, aux tristes grandeurs
de la mort. Dès le 1er mars, le Diario avait appris
aux Mexicains la fatale nouvelle. « Le héros, vain-
» queur d'Ulloa, disait-on, l'aimable restaurateur de
» la paix, le glorieux général Barragan n'est plus.
» A une heure et demie du matin, il s'est envolé dans

» le sein de Dieu pour y obtenir le prix de ses ver-
» tus, et toute la nation est plongée dans le deuil. Il
» est mort, en exprimant le désir de voir les Mexi-
» cains unis. Il est mort aussi en fervent chétien, sans
» laisser un seul ennemi, *no habia enemigo;* rare
» privilège, que lui ont valu la douceur et la bonté
» de son caractère et son parfait désintéressement.
» Trois jours durant, il sera exposé dans une chapelle
» ardente, et chacun pourra voir ce front qui n'a
» jamais menti. Puis on l'enterrera dans le caveau
» des vice-rois, et il y aura un deuil d'un mois dans
» toute la République (1). »

Quel éloge et quels honneurs ! Jamais Titus n'en
reçut de plus beaux. On disait de Barragan :
« *Cunctando restituit rem,* par la patience et la
» temporisation il a relevé le Mexique. » Et Bustamente, son successeur dans l'interrègne, s'écriait :
« c'est un grand homme de bien que le Mexique
» vient de perdre. » Bustamente était rentré, grâce à

______

(1) Diario de Mexicain, numéros du 1er, 2 et 3 mars 1836, et lettre de
Manuela, 5 juin 1836, sur l'enterrement de Don Miguel, adressée à Carmen
à Montpellier.

lui ; Bustamente fit son épitaphe, pleine d'admiration,
de sincérité et de tendresse :

« Vixit obütque patriæ, non sibi.

» Oculis evanuit, non animis.

» Tempori superstes æterna fruitur pace.

» Plange, Mexicane ; mirare viator.

» Il a vécu et il est mort pour sa patrie, sans jamais penser à lui-même.
» Il n'est plus présent à nos yeux, mais il l'est toujours à nos cœurs. Le
» temps n'effacera pas sa mémoire, et, au Ciel, il jouit d'une éternelle paix.
» Passant, admire ; et toi, Mexicain, fais éclater ta légitime douleur. »

XXX

SECOND MARIAGE DE MANUELA AVEC UN OFFICIER DE BARRAGAN

MANUELA ne garda pas le nom de Barragan qu'elle portait. Deux ans après, elle était madame Muñoz; elle avait épousé un ancien officier de son mari, un excellent homme; mais elle ne tarda pas non plus à le perdre, au Mexique, où elle était allée enfin pour les affaires de la succession. En 1840, elle perdit sa fille Eulalie; en 1854, ce fut le tour de Joaquin. Et elle alors, en proie à la terreur, les yeux malades — ses sœurs souffraient aussi des yeux — les nerfs agacés, la poitrine en feu, maudissant le sort qui s'attachait à ses pas depuis qu'elle avait son indépendance (1), se mit à voyager, à errer

____

(1) Lettres de Manuela, 20 novembre 1854, à Carmen.

partout. Elle fait des courses folles à travers le monde, en France, en Belgique, en Angleterre, en Suisse, en Espagne, en Italie, tantôt avec Cañedo, ambassadeur du Mexique auprès du Vatican, petit, maigre et spirituel seigneur; tantôt avec LLorente, qui était de la maison du comte de Régla, mais non de sa famille; tous, amis de Barragan et qui ne l'abandonnèrent jamais. Elle correspond avec le comte de Régla, avec le comte de Jala, qu'elle appelle tendrement Ignacito, avec le Dr Nélaton de Paris, avec le Dr Chaumet de Bordeaux, avec les Escovedo, les Hibarrandos, les Concha, les Ferran, avec le frère de Pinto, avec la marquesa de Guerrior.; ayant leurs portraits, et distribuant le sien. Elle dévore l'espace et la vie, sans cesse en fête, en mouvement, et, avec cela, haute et fière, une descendante des Aztèques et qui le savait, exigeante comme un malade, volontaire comme un enfant, personnelle comme une mondaine, n'ayant rien de commun avec la bonne Merced qui habitait au delà des Pyrénées, et, quant à Carmen qui avait plus de génie qu'elle et qui était à Bordeaux, la prenant, la laissant, la commandant,

avec le sans-gêne d'une maîtresse envers ses infé-
rieurs, ou d'une sœur établie, *casada*, envers une
sœur restée fille. Carmen était comme la gouver-
nante de ses enfants. Elle conduisait Eulalie à
l'église de Saint-Seurin, où Eulalie fit sa première
communion, en 1836, avec M. l'abbé Cirot de La
Ville, depuis doyen de la Théologie et prélat romain ;
elle accompagnait Joaquin au collège, où il faisait
ses études. Carmen aurait pu être plus heureuse, il
faut le dire, avec cette sœur, plus jeune, plus favo-
risée de la fortune, et qui tirait de son âge, de ses
précoces honneurs, un plus grand air de supériorité.
Elles ne faisaient jamais de visites ensemble aux
grandes familles de l'émigration, ni aux familles bor-
delaises, parmi lesquelles je vois M. et Mme d'Abadie.
Carmen s'en plaignait à Merced (1), qui était à
Grenade avec ses deux fils Théophile et Aurélien,
tendre, modeste, compatissante, et qui n'était pas,
sans souci elle-même.

---

(1) Lettres de Carmen à Merced, 1836 à 1850.

XXXI

MALADIE DE CARMEN A BORDEAUX. VOYAGE DE MONTPELLIER. ON LUI OFFRE LA COURONNE DE SON AIEUL MONTEZUMA

A Bordeaux, pour tout au monde elle n'eût voulu faire de la peine à la brillante Manuela. Elle se contenait, elle s'effaçait, elle mettait la plus exquise délicatesse aux bons offices qu'on lui demandait. Mais la sensibilité refoulée et contrainte, l'amour-propre blessé, les coups d'épingles, inconscients peut-être, mais journaliers, d'une personne tout occupée d'elle-même, usent l'âme et alanguissent le corps. Des maladies s'ensuivent, et cela arriva pour Carmen. En 1836, elle se sentit malade et elle dépérissait, il fallut songer à une autre résidence, à un autre climat.

C'est une tradition dans la famille que, à cette époque, un parti mexicain, voulant rétablir l'empire de Montezuma et la race indienne, avait offert la couronne à Carmen. Sa destinée allait se fixer autrement. L'excellent docteur Arnozan, si bien représenté aujourd'hui par son petit-fils, lui conseilla Montpellier et Cette, le ciel du midi, presque le ciel de la Provence, un chaud reflet de celui du Mexique. On la rapprochait le plus possible de l'air natal. L'analogie climatérique pouvait remplacer la patrie, et produire le même effet. Manuela fut aimable; elle lui prêta une servante qui s'appelait *Gracieuse*, un nom des plus favorables, jusqu'à ce que Carmen en eût trouvé une autre dans le pays où elle allait. Le bon M. Zuniga donna des lettres de recommandation ; il ouvrit un crédit chez des banquiers qu'il connaissait, et Carmen, avec Gracieuse, se mit en route. Long voyage et fatigant, un peu comme celui de Queretaro, en diligence, avec des relais de distance en distance, des côtes et des descentes, des haltes, non à son gré comme autrefois, mais à la volonté des conducteurs, et seule! Elle n'avait plus

Manuela qu'elle regrettait parfois; elle n'avait qu'une petite fille que Manuela et le général Cela lui avaient confiée, et elle se trouvait entassée avec d'autres dans le coupé ou la rotonde, parlant peu, pensant beaucoup. Elle songeait aux vicissitudes humaines et aux révolutions; elle se rappelait ce qu'elle était et ce qu'elle avait été; elle voyait d'un coup d'œil le passé, avec sa mère au front pur, avec Zavala l'homme fatal, avec l'hôtel des Miravalle, et Malo, et Mérino, et Don Miguel de Barragan, s'étonnant de tout, et plus étonnée d'elle-même. Qu'on songe qu'en dehors de sa naissance, en dehors de l'éclat perdu de sa maison, c'était un esprit cultivé, une artiste, un poète, une âme délicate et pleine d'élévation. Si, malgré elle, une larme brûlante sillonna ses joues, comme elle l'écrit à Merced; si elle ferma sa paupière, pour mieux recueillir ses pensées et s'abîmer dans sa douleur, cela se comprend. De moins grands auraient fait comme elle. Et quel n'eût pas été son chagrin, si elle avait su, en ce moment, les tristes événements de Mexico!

Elle partait pour Montpellier, vers le milieu d'avril

1836, et Barragan, l'espoir dernier de la famille, était déjà mort le 1ᵉʳ mars. Elle ne savait rien, pas même la maladie, qui était un rhume épidémique, tourné en fièvre (1). Manuela, du reste, n'en savait pas davantage. Le 8 mai seulement, Manuela apprit la maladie. Le 20, elle reçut tous les détails de la mort; le 23, elle remit à Zuniga une longue lettre de faire part pour Carmen à Montpellier.

Qu'allait faire Zuniga? Le 24, expédiant les courriers et connaissant la sensibilité de Carmen, il prend ses mesures pour adoucir le coup qui va la frapper. Il écrit à un tiers, qu'il charge d'annoncer la nouvelle, et, le 27, non pas un Espagnol ni un Mexicain, mais un Français, un noble et sérieux jeune homme d'environ trente ans, M. Villeneuve de Bez, qui résidait alors à Montpellier, vif, alerte, loyal, et toujours grand de caractère, la lettre de Manuela à la main, se rendit chez Doña Carmen de Trebuesto y Miravalle.

---

(1) Lettres de Manuela à Carmen, 5 juin 1836, et aux dates ci-dessus.

XXXII

M. VILLENEUVE DE BEZ ET CARMEN
A MONTPELLIER

D'UNE ancienne famille de l'Albigeois, près
d'Alban, au pied des Cévennes, dans le pittoresque pays qu'habitaient les Martrin, les Reïssack,
parents d'Eugénie de Guérin, les Lapanouze, les
Faramond de Montels, les Sainte-Jemme, les Mon-
tazet qui remontent aux croisades, et les Marlhaves,
M. Villeneuve de Bez avait connu le bon Zuniga
de Bordeaux. Il lui avait recommandé un de ses
frères, qui, en sortant de l'école de Saumur en 1833,
avait voulu passer au Mexique. Il avait plu à ce riche
armateur, plein de tact et d'expérience, qui ne crut
pas mieux faire que d'en écrire à Carmen, quand elle

partit pour Montpellier. « J'ai rendu quelques ser-
» vices, lui dit-il, à son frère qui est depuis trois ans
» au Mexique. Il m'a paru sensible et bien pensant.
» Il va passer docteur en médecine, et vous avez
» besoin d'un médecin. J'ai l'intime persuasion que
» ma lettre à cet excellent Monsieur sera la meilleure
» recommandation que vous emporterez de Bor-
» deaux » (1).

Elle hésita pourtant à faire venir un jeune homme
chez elle, quelque honnête qu'il fût. Mais elle s'y
décida, et elle le trouva si convenable et si poli, si
complaisant, si galant homme, d'un tour d'esprit si
piquant, qu'elle désira le revoir. Elle lui parlait en
français, avec l'accent relevé, l'air confiant, le geste
sobre et contenu d'une noble étrangère qui n'avait
plus de bonheur, mais qui savait ce qu'elle était.
Toutes ces histoires de la Nouvelle-Espagne, de
Mexico, de Vera-Cruz, de Queretaro, de Saint-Jean
d'Ulloa, de Montezuma et de Cortez, racontées par
une Mexicaine, par la fille même des anciens rois,

---

(1) Lettres de Zuniga à Carmen. Papiers de famille.

qui était devant lui, l'étonnaient, le ravissaient ; elles jetaient son imagination dans un monde idéal et fantastique. Il croyait rêver, il croyait entendre un conte de fées, récité par les fées elles-mêmes. L'extase et le respect, la sympathie et la pitié, une pitié parfois indignée, se partageaient son cœur. Il admirait Carmen et la plaignait tout ensemble. Elle ne se plaisait point à l'hôtel, et elle désirait en ville un logement honorable ; il le lui chercha. Elle voulut une femme de confiance, pour remplacer Graciosa qu'on rappelait à Bordeaux ; il s'adressa aux sœurs de l'hôpital, et il la lui procura. Elle avait besoin d'un médecin ; il lui amena le savant Broussonnet, dont il était le chef de clinique. C'est lui enfin qui porta à Carmen les tristes dépêches concernant Barragan ; et qui, de concert avec M. Broussonnet, lui conseilla de faire une saison à Cette.

XXXIII

INCLINATION DE CARMEN POUR
M. VILLENEUVE DE BEZ

En habit de deuil comme en 1828, et, plus que jamais, ayant besoin de distractions pour sa maladie qui était surtout morale, Carmen partit donc pour Cette; elle alla aux bains de mer, en proie à toutes sortes d'émotions nouvelles et de pensées. L'isolement et le malheur produisent de ces troubles vagues, de ces attaches inattendues. Allait-elle aimer ce jeune Français; elle, Mexicaine de haute race et un peu plus âgée; lui, compensant l'âge par la dignité, la réserve, la distinction professionnelle, par ce reflet constant d'honnêteté qui indique une vieille maison et une grande situation héréditaire?

La saison finie, elle l'avertit de son retour à Montpellier, et il vint à sa rencontre; il la reçut, à la
descente de voiture; il l'accompagna chez elle, il lui
parla de son titre de docteur qu'il avait conquis, il
l'interrogea sur les bains de mer, et sur sa santé qu'il
avait maintenant le droit de soigner. Ces marques
d'intérêt la charmèrent. Elle l'invita à ses petites
réunions où quelques familles espagnoles se rendaient, le soir, dans l'intimité, et où elle pouvait
entendre la langue de son pays que M. Villeneuve
de Bez ne parlait pas. Elle voulut paraître avec
lui à la promenade, au théâtre, aux grandes cérémo-
nies religieuses.

Elle rêvait pour son jeune et discret ami une position supérieure. Elle avait de belles connaissances
au Mexique, le général Santa-Anna par exemple,
sans compter les émigrés que Barragan avait réinté-
grés; elle en avait aussi à Madrid, le duc de Castro-
Terreno, capitaine-général et grand d'Espagne, le
marquis de Espoja, ambassadeur à Paris. L'un et
l'autre avaient habité le Mexique, au temps de la
comtesse de Miravalle; ils avaient assisté à toutes

les réceptions, ils avaient vu Carmen, et, à la date où nous sommes, ils se plaisaient à lui écrire, à l'appeler « *mi carisima amiga* », à lui témoigner de la gratitude pour le passé, une tendre affection dans les conjonctures présentes (1).

Mais le signe d'une honnêteté délicate, c'est aussi la fierté. M. Villeneuve de Bez était frappé des attraits de Carmen et de ses hautes qualités; mais il voulait devoir beaucoup à lui-même et ne songeait qu'à sa profession. Il aurait eu un nom, une réputation, un patrimoine plus considérable, qu'il eût osé peut-être penser à Carmen, lever les yeux sur l'imposante fille des Empereurs et des Caciques. Il n'avait pas ces précieux avantages, il ne les avait pas au degré qu'il désirait, et son unique préoccupation était de les acquérir. Il avait un cousin à Paris, dans le quartier de Montrouge; il pouvait compter sur son amitié, sur ses relations, sur son influence. Il résolut d'aller le trouver. « Il me faut partir pour Paris, dit-il à Carmen. » Mais alors les sentiments

(1) Liasse nº 9, Arch. de la fam. Lettres du marquis de Espoja et du duc Castro-Terrano à Carmen, 1833 à 1844. Voir pièces justif.

de Carmen débordèrent. M. Villeneuve de Bez exprima les siens avec d'autant plus d'éloquence qu'il se contenait davantage. Elle se lia à lui par une promesse sacrée; et comme M. Villeneuve persistait toujours dans son voyage de Paris, elle lui fit faire un détour pour s'y rendre; elle l'amena à Bordeaux, elle présenta son fiancé aux Cela, aux Ceballos de Agea (1), aux Negrete, aux Blanco, aux Pereyra, aux illustres Mexicains et aux grandes dames du pays, que Bordeaux renfermait; elle le présenta, avec cette noblesse et cette dignité qui interdisaient toute manifestation de surprise et commandaient le respect. M. Villeneuve de Bez avait d'ailleurs une allure de noble Espagnol, un grand air d'hidalgo qui lui est resté, et son accent méridional ne gâtait point la ressemblance. Il plut à tout le monde, et aux Bordelais et aux Mexicains; puis il alla dans ses montagnes albigeoises voir sa mère, et prendre conseil de son frère aîné, le chef de la famille; puis enfin il se rendit à Paris, voulant

---

(1) Nous avons 31 lettres du général Cela, 11 lettres du général Blanco, 40 lettres du général Agea à Carmen.

à tout prix acquérir une position digne de sa dame, et, par cette délicatesse opiniâtre, ne méritant que mieux l'honneur d'une telle main.

XXXIV

MARIAGE DE CARMEN A SAINT-SEURIN DE BORDEAUX, 1838.

ANUELA n'était pas restée à Bordeaux après le départ de Carmen pour Montpellier ; elle était à Paris, elle était là où une noble ambition attirait le jeune docteur. Elle le vit et elle augura bien de son avenir (1). Elle ne se trompa point. M. Villeneuve de Bez, avec ces encouragements que Paris donne toujours aux talents naissants et sérieux, en moins d'un an avait à Montrouge une très respectable situation. Un généreux parisien, M. Lafosse, voulait faire de son château d'Avenant une vaste maison de santé ; il avait pris en affection

---

(1) Lettres de Manuela à Carmen. Paris, 20 juillet 1837.

13

M. Villeneuve de Bez; il avait écouté son histoire; il admirait cette idylle imprévue, qui de Mexico était venue se former à Montpellier et à Cette, du golfe de Mexique sur les côtes de la Méditerranée, et il avait voulu que le docteur s'installât dans la somptueuse demeure d'Avenant, devenu un asile d'humanité et de philanthropie.

M. Villeneuve était attendu, était désiré à Bordeaux, et l'année avait paru bien longue à Carmen. Il se décida à quitter Paris, au mois de décembre 1837, et le 1er janvier 1838, inaugurant une vie nouvelle aussi bien qu'une nouvelle année, il épousa, à la Mairie de Bordeaux, Carmen Trebuesto y Miravalle y Andrade y Montezuma, laquelle ajouta à ces noms « *y Villeneuve, y Villanueva* ». Rien de fastueux dans ces appellations, je tiens à le répéter : c'était l'arbre généalogique qui marquait sa trace sur les actes civils, et s'allongeait ainsi de génération en génération comme une tige et ses nombreux rameaux.

Huit jours après eut lieu le mariage religieux, dans la vieille basilique de Saint-Seurin, à minuit; et aussitôt les félicitations du dehors arrivèrent, félicitations des grands d'Espagne et de la colonie mexicaine, félicitations de Merced, de Manuela, de la jeune Eulalie, qui avait 16 ans, et écrivait en français d'une façon charmante. « Nous ne te » faisons pas grâce des récits joyeux de la noce, *de* » *dulces de boda* », dit-elle à Carmen. Et puis elle lui raconte ce qui se passe à Paris depuis le jour de l'an, ses étrennes d'abord, parmi lesquelles figure la partition de *Norma*, en maroquin violet-foncé, avec le mot, *amitié;* les froids de Paris, la Seine prise d'un bord à l'autre et unie comme une glace; l'incendie du théâtre des Italiens, le feu qui a pris aux décors, la représentation coupée par le sauve-qui-peut, le directeur qui se jette par les fenêtres et se tue; enfin les contrariétés de Manuela, sa mère, dans ce Paris, qui, sans cela, lui serait si cher (1)... Mais il y a d'autres Mexicaines à Paris, Manuela le dit elle-même à Carmen, des Mexicaines qui étalent un luxe, un orgueil, un train de maison extraordi-

---

(1) Lettres de Manuela à Carmen. Paris, 11 déc. 1837. Lettres d'Eulalie, 17 janv. 1838.

naires. Manuela les tient à distance, offusquée de les voir; mais elle les rencontre, elle sait leurs dépenses et leurs toilettes, la splendeur de leurs carrosses et le nombre de leurs chevaux : cela l'importune, cela l'ennuie... Paris si attachant ne l'aura peut-être pas pour longtemps.

Et voilà comment les deux sœurs se font toujours connaître : l'une, toute extérieure, toute pour le dehors; l'autre, cherchant l'amitié, la vie intime, vivant de modestie et de bon sens, renonçant aux hauteurs que sa fortune réalisée lui permettait d'atteindre, épouse aimée, épouse tendre, bientôt mère des plus dévouées, retenant son mari à Bordeaux, l'enlevant même à la médecine, afin qu'il fût plus à elle, et désirant pour lui, dans cette grande cité commerciale, un consulat qui se rapprochait davantage des relations diplomatiques des Miravalle.

XXXV

VOYAGE DE CARMEN ET DE M. VILLENEUVE
DE BEZ A GRENADE. LA FAMEUSE NÉGRESSE
INÈS DE GOMEZ.

QUEL bonheur, lorsqu'en 1842, sous la
régence d'Espartero et sous le règne d'Isabelle II, fille aîné de la fameuse Christine, elle fit
avec M. Villeneuve de Bez son voyage d'Andalousie
et de Grenade! Le colonel Serrano, possesseur du
majorat et, à ce titre, comte de Miravalle, était
devenu grand d'Espagne. Lui et Merced, ainsi que
leurs deux fils, attendaient nos voyageurs et leur
préparaient la plus cordiale réception. A Madrid,
avant de se rendre à Grenade, Carmen et son mari,
virent le duc de Castro-Terreno; ils virent aussi le

marquis d'Espoja, rentré en Espagne. Ils furent reçus aussi dans un palais somptueux, appartenant à un seigneur qui avait été le bras droit de Ferdinand VII et le dispensateur de tous les emplois dans l'Amérique espagnole. Ils l'appelaient de son petit nom *Mariano*, et il avait été, au Mexique, l'ami intime des Miravalle. Carmen et son mari logèrent dans ce palais, et, sur le seuil de leur appartement, une scène inattendue s'offrit à eux. Une négresse de toute beauté *nigra est, sed formosa*, et d'une rare intelligence, amenée du Mexique par ce seigneur, et, par lui ayant longtemps gouverné l'Etat, Inès de Gomez, ancienne esclave de Mme de Miravalle, reconnut dans Carmen la noble fille de sa maîtresse. Elle embrassa ses pieds, elle embrassa ses mains; elle voulut la servir, comme elle le faisait autrefois à Mexico dans le somptueux hôtel des Miravalle. Elle eut toutes sortes de respects, d'attentions, de bons soins pour Carmen, qui put se croire un instant dans le palais de ses pères.

Depuis, la belle Inès entretint avec Carmen une correspondance suivie et sur papier jaune; c'étaient les couleurs du Mexique et de l'Espagne. Elle lui donna des nouvelles de deux seigneurs que Carmen n'avait pas vus depuis Mexico, et qui étaient Don Alonzo Pérez, ancien gouverneur de la banque de Sarragosse, qui s'était attaché à M. Villeneuve de Bez, et le richissime don Juan Allsopp, grand ami de Merced en Espagne; de Valdedero, de Sarmiento, de Baldibiero, de Cordona, du seigneur puissant, déjà nommé, qu'elle appelle tout simplement *Don Mariano*, et qui, dans les papiers des Miravalle, n'est désigné que par X; de Ignacio dont elle est la mère par adoption et dont Mariano est le parrain, *padrino*. Quand sa vue est fatiguée, Ignacio écrit pour elle; il annonce que, à la grande joie d'Inès et *de su padrino,* il est entré à l'*Académie des ingénieurs de Guadalaxara.*

Ignacio, le fils adoptif d'une négresse, d'une ancienne esclave, avait un titre de noblesse. Il s'appelait Ignacio *de Hacar*. Il fallait être noble en Espagne, surtout quand on habitait une maison noble, qu'on y était traité comme un fils, et qu'on n'était entouré que de seigneurs. Il avait déjà un

peu voyagé. Il connaissait Bordeaux, et commençait à écrire en français. A son admiration pour
Bordeaux il mettait une restriction singulière.
« Señora Carmen, disait-il, je me souviens de Bordeaux, *où toutes les choses sont jolies, et ça est
vilain*. Il eut mieux aimé un peu de mélange comme
en Espagne (1). Sa mère entretient aussi Carmen du
colonel Serrano, qui était à Grenade, avec le titre
de comte de Miravalle, et elle dit de lui. « *El señor*
» *de Serrano, toda bia esta aqui y que sea largo,*
» Serrano aime ses aises ; là où il les aura, là il
» demeurera ». Il n'y avait pas grand mal. Serrano
avait à Grenade l'ancien palais des vice-rois.
Colonnes de marbre, fontaines, jets d'eau, fleurs
admirables, jardins délicieux, rien n'y manquait.
Il avait eu des traverses ; il jouissait de son repos.

---

(1) Pour *don Mariano,* nous respectons l'anonyme observé dans les
lettres de famille.

XXXVI

NAISSANCE DE CÉLESTE, FILLE DE CARMEN. LE VICE-ROI, DUC DE CASTRO-TERRENO, PARRAIN

Tous ces amis se réjouirent, tous envoyèrent des présents, l'année suivante 1844. Carmen avait mis au monde une fille qui fut appelée *Céleste*. Le duc de Castro-Terreno voulut en être le parrain, et il envoya sa procuration à Negrete, pour la tenir sur les fonts baptismaux. Il ne put venir lui-même ; il était souffrant, et il n'était plus jeune, *que es muy chocho*, selon l'expression pittoresque et familière d'Inès (1).

Le noble duc fit plus que de prendre l'enfant

___

(1) Lettres de la négresse Inès de Gomez à Carmen, 1843, 1850, 25 lettres. Pièces justif. Lettre du duc de Castro-Terreno.

nouveau-né sous sa protection spéciale. Il savait que M. Villeneuve de Bez rendait Carmen parfaitement heureuse, l'entourant toujours des plus grandes marques de considération et d'affectueux respect; il le savait par Merced, qui écrivait à sa sœur : « Je » vous félicite d'être au nombre de celles qui ont » désiré le mariage et qui n'ont pas lieu de s'en » repentir (1) ». Il travailla pour M. Villeneuve de Bez dans le sens des idées de Carmen. Elle souhaitait un consulat pour son digne époux. Elle eût voulu Bordeaux et le consulat du Mexique. Le duc de Castro-Terreno se joignit à elle pour l'obtenir. Il avait été autrefois le secrétaire du général Santa-Anna, et Santa-Anna était alors tout puissant au Mexique. Il écrivit, et Santa-Anna ne manqua pas de répondre (2). Le poste de Bordeaux était donné; la demande était arrivée trop tard. On offrit Le Havre; mais Le Havre, c'était le nord; Carmen n'y connaissait personne; toutes ses connaissances, tous ses amis de France et de l'exil étaient à Bordeaux.

(1) Lettre de Merced, Grenade, 27 mars 1838. Arch. de la famille.
(2) Lettre autog. de Santa-Anna, aux pièces justif.

XXXVII

MORT DE CÉLESTE. CARMEN AVEUGLE.
MORT DE CARMEN

CARMEN resta donc à Bordeaux, dans un charmant petit hôtel, à façade sculptée, situé place de la Concorde, paroisse St-Seurin. Là elle éleva sa fille, la jeune Céleste, qui avait des traits de la comtesse de Miravalle, brune et le teint coloré comme elle, l'œil vif, avec un beau front, une figure ovale et jolie, de l'intelligence, tout ce qu'il fallait pour flatter ses heureux parents. Hélas! elle était arrivée à la onzième année de son âge, se développant à ravir, et ils la perdirent! Le lys fut moissonné dans sa fleur, *veluti cum flos succisus aratro,* et le petit hôtel devint un tombeau. Un noir chagrin flétrit la malheureuse mère. Elle s'était mariée bien plus tard que Manuela, et elle aboutissait au même cri déchirant, au même vide maternel : plus d'enfant ! Ses yeux s'affaiblirent à pleurer ; sa vue toujours délicate — c'était un mal de famille — finit par se perdre et s'éteindre. Carmen devint aveugle. Elle ouvrait de grands yeux, et rien ne s'y reflétait ; elle regardait, et elle ne voyait rien. Tout était triste pour elle dans la nature, *est mœror in orbe*. Elle aimait à répéter ces vers de Lamartine, du poète qui mourait à la même époque et qui avait aussi perdu sa fille :

Il n'est pas dans mon cœur
Une fibre qui n'ait résonné sa douleur.

A peine si elle distinguait, au toucher, les livres, les albums, les joujoux, objets funèbres maintenant, qui avaient appartenu à son ange chéri, à l'enfant de ses vieux jours, si l'on se rapporte à l'âge où l'on se marie dans les régions des tropiques et où elle eût pu se marier elle-même. M. Villeneuve de Bez n'était pas moins consterné. Nourri de fortes

études médicales, il avait peut-être plus de philoso-
phie et se maîtrisait davantage ; mais son cœur de
père, son âme naturellement sensible se donnaient
carrière dans la solitude de son cabinet. Il était
homme, il était plus jeune, il était plus fort contre la
douleur. Son passé ne ressemblait pas à celui de
Carmen. Il n'avait point à porter comme elle tout
un poids de tristesses, de souvenirs, de déceptions
diverses, de ruines précipitées, d'exils amers, de
grandeurs éblouissantes et perdues, sans autre
compensation, à côté du conjugal amour, que
les chères caresses enfantines, qui maintenant
n'étaient plus. Elle succomba la première en
1870, au plus fort des désastres de la France, de
cette France qu'elle avait appris à aimer. La pauvre
mère alla retrouver sa fille, en laissant à son époux
désolé tout ce qu'elle avait des archives des
Miravalle, accrues de quelques communications
de Serrano et de Merced.

Voilà quatorze ans qu'elle a quitté ce monde, où
son existence fut bien agitée. Dieu sait en quelle
vénération M. Villeneuve de Bez a toujours tenu sa

mémoire! Dieu sait aussi quelle pieuse affection lui
ont gardée tous ceux qui eurent l'honneur de lui être
présentés! J'ai été du nombre. C'était une vraie
dame, une bonne et noble dame, et qui, en dépit du
malheur, avait une mémoire extraordinaire, une tête
des plus solides, une présence d'esprit admirable, et
la plus constante aménité, Je l'ai connue, et c'est
avec gratitude que, après un consciencieux travail
de recherches et de compulsations, je puis rendre
hommage à cette fille des Montezuma, que Bordeaux
possédait sans trop s'en douter, à ses talents, à son
intelligence qui était à la hauteur de son rang, à
tout l'éclat enfin de ses éminentes vertus.

APPENDICE

I

POÉSIES DE CARMEN

Les poésies de Carmen dont j'ai parlé et que je donne après son histoire, sont très-remarquables. Les *Endechas* ou Elégies sont d'une mélancolie ravissante, et souvent d'une fermeté d'expression et d'une profondeur qui étonnent. J'y joins quelques Sonnets, une gracieuse Idylle et une Fable, ou plutôt une charmante Allégorie. On admirera sûrement ces élans généreux de son imagination et de son cœur, et l'on dira, comme moi, que le Mexique et la belle langue espagnole comptent aujourd'hui un vrai poète de plus.

ENDECHAS

I

Dueño de mis ojos
Mientras tienen lumbre,
Pues soy tus despojos
Por gusto y costumbre.

El alma te dejo,
Que el cuerpo no es mio,
Y, mientras me alejo,
Suspiros te envio.

Injustas venganzas
Mataron mis dichas;
Fingidas mudanzas
Fueron mis desdichas.

Quien no piensa y mira
Primero que intente
En vano suspira,
Tarde se arrepiente.

Lloraban tus ojos
De su luz desiertos
Los falsos enojos
De mis males ciertos.

Tuya fué la culpa
Yo tengo la pena,
Tardia disculpa
Para nada es buena.

Si pena te alcanza
De mi daño injusto
Que mayor venganza
Que verme sin gusto?

De su odioso nombre
Quien hay que me libre?
Que al fin eres hombre
Para todo libre.

Duelete de verme
En tan grave daño,
Que no ha de valerme
Ningun desengaño.

Casada y cansada
Estoy en un dia,
Amando pagada
Cuando no soy mia.

Pero eternamente
Mi dueño te nombra ;
Que el tirano ausente
Servira de sombra.

Si no hubiera honor,
Cesara mi llanto.
Pero no hay amor
Que disculpe tanto.

Si la resistencia
Esfuerzan engaños,
Quien tendrá paciencia
Para tantos daños?

14

A Dios dueño mio,
Que esperar no puedo;
Cuanto me desvio,
Tanto mas me quedo.

Tan aborrecida
Estoy de perderte,
Que temo la vida
Y adoro la muerte.

II

EL DESEO

De que sirve á mi deseo
Ofrecerte un tierno amor,
Si desprecias mis desvelos
Y no sientes mi dolor?
Complacida en otro tiempo,
Halagabas mi pasion,
Y aleviabas mis recelos
Con sencillo corazon.

Cuantas veces cariñosa
Me juraste eterno amor?
Y ahora fria y desdeñosa
Ni aun te mueve mi dolor.
Ese talle, ese semblante
A mi triste corazon
Le recuerda á cada instante
Cual mal pagas mi pasion

Mi deseo y mi esperanza
Es un crimen en amor.
O mi bien! sin tu mudanza
Se aliviara mi dolor.
Si al mirarla ya palpita
El mas frio corazon,
Dimes pues porque te irrita
Mi constante y fiel pasion.

Explicarte quise un dia
El deseo de mi amor ;
Mas tu, falsa prenda mia,
Despreciaste mi dolor.
Desde entonces siempre airada
Te encontró mi corazon,
Siempre sorda, siempre ingrata,
Cuando hablaba mi pasion.

Si mi llanto al fin pudiera
Ablandar tu corazon,
Mi deseo consiguiera
Y aumentara mi pasion.
Mas, ay! triste mi deseo
Nunca logra compasion.
Luego el bien que no poseo
Lloro y siento con razon.

III

AL SUEÑO.

Tu, mudo esposo de la noche umbría,
O padre del sosiego,
Sueño consolador, porque te niegas
A mi lloroso ruego?
Por que á mis sienes con piedad no llegas ?
Y no que lento y vagoroso bates
Lejos de mí tu desmayado vuelo,
Y esparies en el suelo

La niebla del balsámico rocío,
Con que el dolor serenas,
Y el vivo afan de las acerbas penas.
Duelete, o Sueño, al contemplar las mias ;
Suspende, ay Dios ! suspende
Por un momento el velador cuidado,
Y en él tu velo vaporoso tiende.
No bastan, di, para penas los dias ?
Mi espíritu rendido
A tanta agitacion, mi triste pecho
De palpitar cansado,
Y en ansia y fuego el corazon deshacho.
Tu celestial venida
Imploran, ay ! á restaurar mi vida.
Para obligarte, en vano
Mezclarme quise al alborozo insano
Del ruidoso festin, y la ancha copa
Henchi tres veces de espumoso vino ;
Tres veces la apuré sediendo y ciego :

Pero en mi yerta boca

Se heló la risa, y se tornó en gemido.

Y el ardiente licor que entró en mi seno

En vez de dar á mi dolor reposo,

Raudal fué impetuoso

De hiel ingrata y ponroñosa lleno.

Facil un tiempo mi clamor oias,

Y blandamente en derredor volabas,

Y halagueño dobladas

La gloria de mis dias,

Que tu en la noche á redoblar venias renovar.

O ilusiones de bién ! Donde habeis ido ?

Tal ver á no tornar ? Tal ver si ahora, amigo

O sueño, has de venir, vendra contigo,

A atormentarme airada,

Del bien perdido la doliente idea.

Mas ven, sueno, á mi voz, aunque asi sea ;

Ven, que ya las dos Osas

Al ocaso avecinan

Su refulgente carro, y presurosas

Las centellantes pleyadas se inclinan.

La luna fatigada

Se retira hacia el mar, y ya la Aurora

Precipita la hora

Que anuncia en el Oriente

Su trémulo esplendor. Ay ! vendrá el dia,

Vendrá, y mis ojos, de velar cansados,

Su luz no sostendran, ni su alegria.

Rendite á compasion, sueño precioso !

Tu nectar delicioso

Mi triste frente halague,

Y blando, y dulce, y regalado vague...!
Me escuchas ? O favor ! Ya desmayados
Mis sentidos fallecen,
Mis miembros se entorpecen;
Mis párpados se agravan
Las penas mismas su inclemencia fiera
Con tu presencia acaban.
Quien de allas libre al dispertar se viera ?

IV

ULTIMA ENDECHA

Busco en la muerte vida,
Salud en la enfermedad,
En la prision libertad,
En lo cerrado salida,
Y en el traidor lealtad.
Pero mi suerte, de quien
Jamas espero algun bien,
Con el Cielo ha estatuido,
Que pués lo imposible pido
Lo imposible aun no me den.

———

SONETO

Yo sé que muero, y si no soy creido ;
Es mas cierto et morir como es mas cierto
Verme à tus piès, o bella ingrata, muerto,
Antes que de adorarte arrepentido.

Podré yo verme en la region de olvido,
De vida y gloria, y de favor desierto.
Y alli verse podra en mi pecho abierto
Como tu rostro hermoso está esculpido

Que esta reliquia aguardo para el diaro
Trance que me amenara mi porfia
Que en tu mismo rigor se fortalece.

Ay de aquel que navega el cielo oscuro,
Por mar no usado y peligrosa via,
Adonde norti ó puerto no se ofrece !

SONETO

En el silencio de la noche, cuando
Occupa et dulce sueño á los mortales,
La pobre cuenta de mis ricos males
Estoy al Cielo y á mi Clori dando.

Y al tiempo cuando el sol se va mostrando
Por las doradas puertas orientales,
Con suspiros y acentos designales
Voy la antigua querella renovando.

Y cuando el Sol de su estrellado asiento
Derechos ráyos à la tierra envia,
El llanto crece, y doblo los gemidos ;

Vuelve la noche, y vuelvo al triste cuento ;
Y siempre hallo, en mi mortal porfia,
Al Cielo sordo, á Clori sin ordos.

IDILIO

Con otras zajalejas,
Un dia de verano,
Por módo de paseo,
Salio Clorila al campo.
Cuando daban la vuelta,
Traian en la mano
Hacecillos curiosos
De flores matizados.
Sobre las rubias trenzas,
Que el aire iba soplando,
Se ostentaban las rosas
Que habian entrelazádo.
Dispuso la Fortuna
Que yo saliera al paso.
Clorila dióme luego
Un muy gracioso ramo,
Ramo que habia sido
Lisonja de su olfato,
Emulo de los otros,
Honor y a de mi mano.
Algunos pastorcillos,
Que supieron el caso,
Sa inocencia y mi dicha
Gruñeron y ladraron.
Mas yo digo á Clorila :
Cuando vuelves al campo
Con otras zajalejas,
Un dia de verano?

AÑO DE 1819.

FABULA

Un primoroso jardin
Era mi gloria y mi dicha.
Bañaba el sol sus matices,
Y el céfiro los mecia.
Las rosas entre azucenas
Su hermoso caliz erguian,
Y en vistosa competencia
Mas brillantes parecian.
Pero un dia del Estió,
El torbellino, que agita
La tormenta mas horrible,
Mis vergeles arruina.
La rosa, con la azucena,
Desfallece y se marchita,
Y sus copas enlazadas
Pierden á un tiempo la vida.
Ya que en su grato cultivo
Cifraba toda mi dicha,
Desde aquel crudo momento
Nada embelesa mi vista,
Que en la azucena y la rosa
Está de continuo fija.
Si asi enlazadas murieron,
Debo yo guardar la vida ?

EFECTOS DEL AMOR

No sé lo que tengo
Cuanto á Lisis miro,
Los miembros me tiemblan,
Y el pecho affligido
Me da en un momento
Doscientos mil brincos:
Que mis ojos siento
No se estan tranquilos,
Que mis piés y manos
En temblor continuo:
Y de sus ojuelos
Los mios no quito
El color me dicen
Que tengo amarillo
Cuando hablo con ella,
O cuando la miro,
Y que colorado
Me pongo al proviso,
Que de cuanda en cuando
Lanzo algun suspiro,
Y luega al instante
De verba me rio.
Sin duda estoy loco
No sabie decirlo,
Ni menos la causa
De mi desvarío.
Tan solo me consta,
Que estoy sin sentidos
Y no sé que tengo
Cuando á Lisis miro.

DESPEDIDA

Este es el instante fiero
Que precede á mi partida,
Y ya la cruel despedida
Acercandose me va.

Como podré, amada Celia,
Al darte el adios postrero,
Reprimir el dolor fiero
Que atormentado.me está.

O dia cruel y deplorable
Para un infeliz amante,
Pues pierdo en un misma instante
El reposo, paz y amor !

Gravado en mi corazon
Estará tu rostro hermoso,
Tu talle lindo y gracioso,
Para atormentarme mas.

No sientas, amada Celia,
Lo que yo, en este momento.
Pues es un cruel sentimiento
Que me arranca el corazon.

Mi corazon affligido
Y sin poder jamas verte,
Llorará su triste suerte
Al acordarse de ti.

Llora, disgraciado amante,
La suerte que te ha tocado,

Pues para siempre te ausentas
De tu objeto idolatrado.

Se feliz, Celia adorada,
Y olvida á este desgraciado,
Que su suerte ha condenado
A vivir lejos de tí.

LAS QUEJAS

Si lograra ser amado
Del objeto que yo quise,
Mi vida seria felice.
Mas ay ! que soy desgraciado !

Las penas que he padecido,
Sin lograr lo que deseo,
Son ciertamente recreo
De tu pecho endurecido.

Quisiera, ingrata, que vieras
Mi corazon resentido,
Pues mi amor tan desmedido
No pagas como debieras.

Ten estendido, bien mio,
Que mi pecho vacilante
Me recuerda á cada instante
La crueldad de tu desvio.

Mi pasion está en tal grado
Cual no puedo yo explicarla,
Ni menos disimularla,
Aunque sé no soy amado.

Mi suerte desventurada
Me ha condenado á vivir,
Precisandome á sufrir
El mirarte siempre arrada.

Quiera el cielo no te veas
Como yo en este momento,
A pesar del sentimiento
Que tengo aunque no los creas.

Pero no, siente, tirana,
Lo que yo siento por ti,
Y pues que yo lo sufré,
Que lo sufra una inhumana!

OCTAVA

EL SABIO RETIRADO

De un arroyuelo al margen recostado
Contemplaba la vida deliciosa
Que pasa un literato, retirado
Del mundo y de la pompa bulliciosa.
Este está de se mismo enajeñado,
Y fuera de ocasion pecaminosa,
Filósofa de todo con acierto,
Durandole este gozo hasta ser muerto.

LETRILLA

Que yo llegue á apetecer
Lo que no puedo poseer,
Ya lo veo.

Pero que esta compañia
No te moleste algun dia,
No lo creo.

Que le digas á tu esposo
Solo en ti tengo reposo,
Ya lo veo.
Pero que tal expresion
No tenga algo de ficcion,
No lo creo.

Que me quieras engañar
Con convidarme á un altar,
Ya lo veo.
Pero que el convite sea
Por que tus acciones vea,
No lo creo.

Que te muestres desdeñosa,
Si le digo alguna cosa,
Ya lo veo.
Pero que solo conmigo
Se ejecute tal castigo,
No lo creo.

Que á pesar de mis finezas
A otro dediques ternezas,
Ya lo veo.
Pero que él las agradezca,
Y mas que yo las merezca,
No lo creo.

II

PIÈCES JUSTIFICATIVES

———

I

Ordre du jour d'Iturbide, en faveur de la famille de Miravalle.

———

Don Agustin de Iturbide y Aramburu, Arregui, Carillo y Villasenor, primer gefe del ejercito imperial Mejicano de las tres garantias.

El Pueblo respetará, y las tropas de mi mando defenderán la persona, casa, familia, é intereses de la S^a condesa di Miravalle, en consideracion á la politica y pacifica conducta que ha observado. Cuartel general en campo Amilpas, á 24 de Julio de 1821. Primer año de la Independencia.

Agustin de ITURBIDE.

II

Lettre de Son Exc. le duc de Castro-Terreno.

Dⁿ Prudencio de Guadadalfajara, .Duque de Castro-Ter-
reno, Grande de España de I^a clase, Capⁿ G^{ral} de
Ej^{to} en España, etc., etc., etc.

Concedo poder a Joachin de Barragan para que representando mi persona saque de pila y sea Padrino en mi nombre del niño ó niña que de á luz la S^{ra} Dª Carmen Trebuesto de Villeneuve. Madrid. 26 de En° de 1844.

M. el Duque de CASTRO-TERRENO.

III

Lettre de Santa-Anna, président de la République du Mexique.

A S. E. el Sr Duque de Castro-Terreno. Madrid.

Muy S^r mio de toda mi consideracion,

He sido hourrado, con la favorecida carta de V. en 1° de Enero de presente año, en que se sirve recomendarme al Sr D. Celestino Villanueva, para que se le confiera el Consulado de Burdeos. En el instante que ví sus estimables letras, procuré informarme si estaba vacante el mencionado empleo, para mandar expedir la patente respectiva á favor del Sr Villanueva; pero desgraciada mente supe que estaba provisto. Harta pena me ha causado el obstaculo que me impide complacer los deseos de V. en ésta vez; pero si surecomendado quisiere optar otro Consulado, puede manifestarmelo, sirviendose V. persuadirse de mi afectuosa disposicion, y deque me serán gratas las ocaciones que me permitan acreditarle mi buena voluntad, como su afino atento seguro servidor.

Q. S. M. B.

A. L. Sta-ANNA.

IV

Nouvelle lettre de Santa-Anna.

Sra Dª Carmen Trebuesto de Villeneuve. Burdeos.

Manga de Clavo, Febrero 29 de 1844.

Muy Sra mia de mi aprecio,

Separado absolutamente del Gob° de la Republica, no tengo á mi disposicion los arbitrios conque antes contaba para dar á su Esposo colocacion en algun Consulado de la Republica. El Sr Presidente interino que dirije en mi lugar los negocios del Estado, es el que únicamente puede tomar en consideracion los deseos de V. de quien me suscribo muy atentamente afino.   S. S.

Q. S. P. B.

A. L. DE Sta-ANNA.

⁕

15

III

MÉMOIRE DU COLONEL SERRANO

CONTRE ZAVALA

Ministre des Travaux publics au Mexique.

Los Crimenes de Zavala, son bien publicos en Mexico.

Rasgo historico de la conducta del actual Ministro de Hacienda.

,, Los hombres de partido, nunca son mas terribles, que cuando se hallan desesperados". La verdad de este principio está demostrada hasta la evidencia, por los últimos 'acontecimientos de la Acordada, en que *los autores de ella*, amenazados de su próxima ruina desplegaron todo su furor, y se aventuraron con despecho á la perpetracion de los crimenes mas horrendos, para salvarse por éste medio de la cuchilla de la ley, aunque la pátria toda pereciese. En efecto, sus *nuevos crimenes* son los que sostienen hoy el hilo de su execrable vida, que ya debia estár cortado por los otros antiguos é inveterados, con que han causado á la república mexicana males sin número, y el de que esté regida actualmente por algunos hombres tiranos; entre los çuales se distingue UNO, muy particularmente, capáz de

aterrar á Nerón, si reviviese. El es *D. Lorenzo Zavala.* . . ¡
Tiemblen los vivientes, en cuyos oides resuene tan odioso
hombre!. . . . Se halla hoy de secretario del despacho de
hacienda, no por sus virtudes, pues no conoce ningunas, no
por su patriotismo, porque no lo posee, aunque lo afecta;
sino por una escala de innumerables y *horrorosas maldades,*
que ha practicado astutamente, desde el instante fatal en
que su inmunda planta pisó este suelo precioso. Este malvado, este tigre sangriento acosado de hambre, supo intro-
ducirse *con piel de oveja,* entre la cándida, amable, y gene-
rosa nacion mexicana, hallándo la mejor acojida en una de
las casas mas fuertes de la capital. Riquiezas, estimacion,
relationes y. . . . todo, todo encontró este infame, en la de
la condesa de Miravalle. Ella creyó haber albergado un
amigo, un hombre de bien que correspondiese fiel y gene-
rosamente á sus beneficios; pero solo encontró un ingrato,
astuto y maligno, que cubriese de luto y amargura la casa
y las personas, sin que el tiempo, que todo lo borra, sea
capáz de quitar en ella la memoria de un asesino que la
desgració para siempre. *Zavala,* mexicanos, no contento ó
satisfecho con tantos goces, ambicionaba mas todavia :
queria erigirse en gefe de esa ilustre familia, y no titubeó
en *mezclar un veneno* con los alimentos del jóven conde de
Miravalle. . . . De hecho, sacrificada la victima, quedó
señor absoluto de aquel caudal : se proporcionó todos los
placeres que le dictaba su *inmoralidad,* y vivió segun el
sistema que todos los mexicanos le conocémos, y que él
acostumbra sin rubor.

Su gran máxima, su primer principio es : ,, que el hombre debe hacer lo que le fuere útil y conveniente ; y solo lo contrario debe dejar de hacer." Semejante proposicion, abrazada con la generalidad que la observa y entiente el ministro de hacienda, es en mi concepto una solemne blasfemia, no solo en el órden natural, sino tambien en el politico, porque siguiendo tal principio, si á mi me convienen, v. g., y me son útiles mil pesos, puedo robar á Pedro para adquirirlos. Me conviene calumniar á un hombre para que le quiten la vida, ó destierren, porque su destruccion me es útil para mi engrandecimiento ; luego puedo hacerlo. A tan perniciosa doctrina, repito, ha amoldado su vida pública y privada el señor Zavala, y por eso ha sido ella un tejido de crimenes sin intermision, de manera que puede asegurarse, que ni aun dormido deja de meditar el daño ó daños con que le sea facil arruinar á algun hombre.

Cuando el desgraciado Iturbide ocupaba esta capital con el carácter de generalisimo, Zavala, en union de otros como él bien conocidos, fué el que mas empeño tomé en inspirarle ideas imperiales, precipitando en buen corazon, que quizá no las abrigaba, para que se coronase, y destruyese él mismo la libertad que nos acababa de dar. Zavala le sugirió el medio de la persecucion de nuestros representantes, cuyo congrese disolvió con la fuerza armada, reduciendo á muchos de ellos á la mas estrecha prision.

Pero no era solo esto á lo que dirigia sus maniobras, sino que al tiempo mismo que precipitaba al señor Iturbide á tan enormes atentados, él iba á ver á los miembros del congreso, ante quienes se fingia el mas enemigo del héroe, al paso que el mas liberal : sembraba en ellos la zizaña, y los eshortaba á que se sostuviesen contra el generalisimo; logrando de este modo la total ruina de ambos poderes. Tan pronto era republicano *con los unos,* como imperialista *con el otro;* visitando á todas horas una imprenta que existia en el convento de Santo Domingo, para que se escribiese *asi y asado,* segun convenia é sus miras destructoras. Conoció el malvado que el señor Iturbide se podria salir con lo que quisiese; porque estaba aun á la cabeza de un ejército crecido, aguerrido y valiente, mandado por oficiales espertos y atrevidos; pero se dió arte y mana para hacer odiosos á estos beneméritos oficiales, (táctica que practica hoy con el mayor empeño) y consiguió que fuesen encerrados los mas en estrechas prisiones, como lo dirán los conventos de religiosos, inquisicion y cárcel de córte, que se vieron llenos de ellos, quedandose despues muchos, ya retirados ó licenciados, ya agregados al depósito, ó postergados; reemplazando sus vacantes hombres indignos de figurar en las filas. Haciéndose de este modo odioso el primer gefe para el ejército, y éste para su alteza serenisima, la fuerza militar quedó sin disciplina, y entregada á todos los escesos de la licencia, que esperimentamos en aquella época de desgracia.

En ella por fin, se coronó el señor Iturbide. . . . se disolvió luego el congreso. . . . y . . . . no tardó mucho en que

se desgajara la corona imperial, por los mismos que la fabri-
caron, y quedase el monarca bajo las ruinas de su propio
trono. El ministro Zavala continuó por el sendero trillado
de sus intrigas; haciéndo unas veces el papel de iturbidista,
en otras el de imperialista, en las mas de BORBONISTA,
(cuya adhesion tiene manifestada de una manera muy posi-
tiva, con el apadrinamiento decidido que ha declarado á los
españoles) y siempre el de un hombre el mas falso,
el mas sin fé, el mas infame, que seguramente no en-
contrará semejante con mucha facilidad. Pero cuando arrojó
enteramente la máscara con que cubria sus maldades, fué
en la cámara de senadores, promoviendo la mutilacion del
Estado de Mexico, al cual hizo que se usurpára su capital,
con el depravado fin de engrandecerse, colocado de gobernador á la cabeza de él, como en efecto lo ha sido, y valién-
dose de los medios mas viles, ilegales, injustos y rastreros,
como puede verse en los ,, documentos importantes tomados
del espediente instruido sobre nulidad de elecciones de
Toluca," que á nos impreso para que jamás se borren de la
memoria los horrendos crimenes de este perverso, y puedan
los hombres, hasta de la última generacion, maldecir su ex-
istencia. Y cuál ha sido su conducta pública en el Estado?
Vease tambien el impreso intitulado : ,, *Crimenes y maldades del gobernador Zavala.* " En él constan sus grandisimas
dilapidiaciones, pues desaparecieron de luego á luego muchos miles de pesos, que encontró en fondo de aquellas
arcas : en él consta que ha sido el *movil principal* de
cuantas asonadas se han visto ; comprometiendo en cada una

de ellas, á los buenos patriotas, á los hombres de bien, y nada menos que á toda la república : en él consta pue ha despojado de sus empleos á los que dignamente los ocupaban, solo porque no pensaban como él, y a puesto en ellos una caterva de *pillos*, cuya immoralidad sigue á Zavala, cual otro Catilina. Influyó cuanto pudo para que se desterrase al señor Bravo, y á la oficialidad que le acompañó á Tulancingo ; pero lo mas notable, en este criminal paso, és que, influyéndo tambien para arruinár al señor Barragán, interpuso sus ruegos la señorita su esposa, creyéndo que por respetos de la señora Doña Maria de las Angustias, su mamá, A QUIEN TANTO DEBE ZAVALA, como hemos visto, conseguiria la libertad de su esposo ; pero viendo dicha señorita y su hermana, la inflexibilidad de este hombre cruel y tirano, ocurrió á la madre, la que despues de muchas súplicas con lágrimas en los ejos, no solo fué ásperamente desairada, sino que recibió bastantes *patadas y manazos*, y el ser arrojada DE SU CASA, por el que solo estaba alojado Y MANTENIDO. . . en ella ; de lo cual provino que se embarcase la señora condesa en seguimiento de sus hijas, para no volver á ver á este monstruo, autor de todas su desgracias.

Pero es posible que hombre TAN PICARO se haya conservado de gobernador del Estado, y ahora se encuentre de ministro de hacienda ? Como lo toléro aquel y su legislatura ? ¿ No hay leyes para un Ser TAN CRIMINAL ? Si, nuestra legislacion es perfecta. Zavala se vió ante el poder judicial (donde tiene pendiente su causa, y por lo que no disfruta de los derechos de ciudano) y no prometiéndose ningun buen resultado, se acogió á la fuga bajo la sombra de la asonada de Santa-Anna, que promovió y sostuvo aquel. Se fué, llevándose el dinero que encontró en la casa-moneda de Tlalpam (franqueado por su *digno* ahijado Rionda, que tambien ha robado bastante, y seguirá haciéndolo en la superentendencia, que con *tanta justicia* disfruta), con cuya cantidad anduvo algunos dias fuera del Distrito, corrompiendo y cohechando á los que salian destinados á persegurlo. No obstante, se vió en algunos apuros, y tuvo que venirse á esconder, por algun tiempo, en la casa de su íntimo amigo y compañero EN MALDADES, M*r*. Poinssett. Con este proyectó la asonada de la Acordada, como único medio de salvarse, aunque la pátria peligrase; y asines que lo vimos á la cabeza de esa desastroza revolucion, que tantos males causó á México. Rodeado de una chusma de bandoleros de los de *su devocion*, que hasta hoy lo acompañan, y de muchos BUENOS QUE SEDUJO MALIGNAMENTE con su falso patriotismo; comprometió tambien por la fuerza á muchos infelices, á quienes ofreció todas las riquezas del Parian; cuyo saquéo convirtió en criminal una revolucion santa, y justificada, pues que tuvo por objeto LA ESPULSION DE LOS GACHUPINES, por que sín cesar suspiran los pueblos.

En esta amarga época de cuatro dias, cometió ESCESOS que no es posible referir en la área estrecha de este papel;

pero basta recordar el asesinato que mandó perpetrar en la persona del coronel Gonzalez, que si bien es cierto que debia morir por sus perfidias, tambien lo es que Zavala debio acompañarlo por las suyas. El primero servia al gobierno, porque despues de tantes compromisos en que lo puso Zavala, conoció por fin que éste no miraba al bien de la pátria, sino por el contrario, á arruinarla y convertir la en patrimonio suyo....; y hé aqui la muerte de un valiente, que con un solo gesto hubiera hecho temblar á veinte decenas de Zavala. Logrado el triunfo completamente por los buenos patriotas, esto bandido tuvo atrevimiendo de ir á la casa del ministro de la alta corte D. Juan Raz y Guzman, que lo estaba procesando, y despues de asquerosos insultos y amenazas, propias de él, y consiguientes á la crápula de que iba poseido, le mandó disparar un tiro, que no lo mató como deserba, pero que lo hirió gravemente en una mano. Luego pasó al palacio nacional, y se tomó con la mayor insolencia el mando de la república por cuatro dias (hoy lo tiene por cuatro años, SI LA NACION LO PERMITE), como lo vimos por sus órdenes, proclamas y demás disposiciones con que burló y oprimió al pueblo mexicano; merced al señor Victoria, causa principal de nuestros males. En seguida se volviá á Tlalpam, en donde multiplicó sus escesos y arterias, despojando á unos, dando á otros, y perjudicando á todos; pero en premio ha sido collocado de ministro de hacienda, en donde se halla DESGOBERNANDO al 2º presidente y á la república toda, llevandola á pasos mas que redoblados á su total esterminio.

Mexicanos, compatriotas mios, militares que existis con las armas en la mano para salvar á la pátria : ved cual es nuestra situacion : salvadnos del peligro, en cuyo borde nos ha puesto ya un ministro INICUO, asociado de los perversisimos estrangeros Mr. Poinsett y Antonio J. Valdés, Ignacio Basadre, Isidro Gondra, Manuel Palomino, Anastacio Cerecero, Francisco Moctezuma, José Maria Alpuche, Ramon Ceruti (gachupin), Pedro Lissaute (francés), y algunos diputados de Tlalpam, y otros bribones : todos deben ser castigados por la fuerza, PORQUE ESTAN OBSTINADOS EN PERDERNOS. Ved con atencion, vos suplico, el estado triste en que nos hallamos, y ved el que nos espera.... No seamos tan sufridos por mas tiempo, porque nos haremos ciertamente tan criminales tan como ellos. Peligra la independencia y las formas federales, si continuamos entregados á manos tan viles como infames. PRIMERO ES LA PATRIA QUE TODO. Baste ya de servir de instrumentos ciegos de la ambicion y engrandecimiento de los picaros, que antes de lograrlo son mas patriotas que Guerrero, y mas federalistas que Hamilton, pero que colocados en los asientos del poder, no son mas que tiranos crueles, opresores insufribles, y amigos constantes de su bien particular.

Patriotas verdaderos, federalistas de corazon, no seamos ya tan sufridos. MUERAN NUESTROS VERDUGOS; salgan de la república POINSETT y los GAPUCHINES, y vivan nuestras libertades y el gobierno de Guerrero, si fuere justo y paternal; porque si sigue como hasta aqui, su ruina y la de la pátria ya no se podrá evitar. Animo, compatriotas! salvémonos nosotros, ya que nos quieren perder los que á costa de nuestra sangre han elevado y nos están oprimiendo. Antes la muerte, que vivir envilecidos (1).

México y julio 1° de 1829.

Imprenta de Ontiveros, calle del Espiritu Santo, nº 2.

L. S.

————·◊◊·————

IV

ANNALES DES COMTES DE MIRAVALLE

El Título de Conde de Miravalle fué concedido por el Rey D. Cárlos II, en cédula expedida en Madrid á 18 de Diciembre de 1690, y como recompensa de sus eminentes servicios, á D. Alonso D'Avalos Bracamonte, nacido en Compostela de Indias el 22 de Enero de 1645, canciller mayor del Réino y caballero profeso de la Orden de Santiago, hijo de D. Pedro D'Avalos Bracamonte y de doña Maria Ulibarri de la Cueva, y legítimo descendiente de las familias mas ilustres de España; por D'Avalos del famoso condestable don Ruy Lopez D'Avalos, conde de Rivadeo y

---

(1) Nous avons donné cette pièce, telle que le colonel Serrano, gendre de la comtesse de Miravalle et beau-frère de Carmen, la fit imprimer et la publia. C'est un document historique. A ce titre, il nous appartenait, comme un tableau de querelles publiques et privées. Nous n'avions, quant au contenu, ni à le discuter ni à le garantir.

adelantado mayor del Réino de Murcia, y por Bracamonte de Mosen Rubí de Bracamonte, ilustre caballero francés establicido en Castilla, á donde le trajeron las revueltas de su pais en el siglo XIV, primer señor de Fuente-el-Sol, y de las tercias de Medina de Rioseco, gran almirante de Francia y embajador de obediencia cerca del Sumo Pontífice. El primer conde de Miravalle estaba enlazado por estrechos vínculos de parentesco á los príncipes de Francavila, á los célebres marqueses de Pescara, á los marqueses de Juente-el-Sol, á los condes de Peñaranda de Bracamonte, á los duques de Ilburquerque, y á otras muchas grandes familias de la Monarquia, representadas hoy por varias Casas de nuestra primera Grandeza. Falleció el canciller conde de Miravalle por los anos 1705.

Hijo del primer conde en su casamiento (18 de Enero de 1671) con doña Maria Catalina de Hijar y Espinosa de los Monteros, fué D. Pedro D'Avalos, que le sucedió y fué segundo conde de Miravalle, y de este lo fué á su verdoña Maria Magdalena D'Avalos y Orozco, nacida en 2 Junio de 1701, tercera condesa di Miravalle, y esposa (28 de Enero de 1620) de D. Pedro Antonio Trebuesto Alvarado y Velasco, caballero de la Orden de Alcántara, nacido en el valle de Arcentales, señorio de Vizcaya, el 28 de Junio de 1690. De este matrimonio nacieron : 1º D. Justo Trebuesto D'Avalos, cuarto conde de Miravalle ; 2º doña Maria Antonia Trebuesto D'Avalos, muger de D. Pedro Romero de Terreros, caballero profeso de la Orden de Calatrava, creados por Carlos III condes de Regla en 7 de Diciembre de 1768, y progenitores de los actuales duques de Regla, grandes de España de primera clase desde 1859.

La casa de Miravalle, con las ducales de Abrantes y Moctesuma, goza una pension anual vitalicia y hereditaria del Gobierno de los Estados-Unidos Mexicanos, como descendiente de Moctezuma, último señor, gobernador y Emperador de México, en 1520, en representacion de doña juana Maria de Andrade y Rivadeneira, cuarta condesa de Miravalle, novena nieta del referido Emperador.

Varonia actual : Serrano ; por el casamiento de doña Maria de las Mercedes Trebuesto Casasola Andrade Moctesuma y D'Avalos, sétima condesa de Miravalle (hermana de D. Joaquin, sexto conde, que murió sin sucesion, é hija de D. Pedro Trebuesto y Andrade, quinto conde de Miravalle, caballero maestrante de la Real de Ronda), en Granada, el 29 de Mayo de 1862, con D. Lorenzo Serrano del Cortè, en Lisboa á 7 de Febrero de 1855.

Armas. — Escudo de azur un castillo de oro donjonado; la bordura componada de 20 piezas, so de plata y so de gules; que es de D'Avalos. — Corona condal.

Residencia. — Granada, Carrera de Darro, 15.

Don José Serrano Gavarre Trebuesto Perez del Pulgar D'Avalos y Moctesuma, noveno y actual conde de Miravalle, licenciado en derecho, individuo de varias sociedades cientificas y letararias, décimo tercero nieto de Moctesuma, último Emperador de Mexico (+ en 1520), etc. (hijo único varon de D. Aureliano Serrano Trebuesto del Corte Casasola D'Avalos y Moctesuma, octavo conde de Miravalle, abogado de los Tribunáles del Réino, disputado provincial, alcalde-corregidor y presidente del ayuntamiento de Granada, sócio de mérito y director de la Real Sociedad de Amigo del Pais, de esta Ciudad, gentilhombre de cámara con ejercicio de S. M. el Rey, etc., etc., nacido en México en 20 de Diciembre de 1830, + en 22 de Marzo de 1878); nació en Granada á 20 de Enero de 1858; sucedió á su padre en 1880.

HERMANAS

I. Doña Teresa Serrano y Gavarre.
II. Doña Maria de las Mercedes Serrano y Gavarre.
III. Doña Ysabel Serrano y Gavarre.

MADRE

Doña Fernanda Gavarre y Perez del Pulgar, dama noble de la Banda de la Reina Maria Luisa, nacida en Almeria á 18 de Junio de 1830 (hija de D. José Gavarre Fayas Perez Calvillo y Tormo, mariscal de campo de los ejércitos nacionales, gran Cruz de la real y militar Orden de San Fernando de segunda clase, con el escudo de Fidelidad y otros muchos de distincion por méritos de guerra, gentilhombre di cámara con ejercicio de S. M. la Reina dona Isabel II, nacido en Valencia á 5 de Octubre de 1790, en Granada á 6 de Abril de 1858, y de Doña Teresa Perez del

Pulgar y Baro Velazquez y Poblaciones, hija de los marqueses del Salvar y de Poza-Blanco, condes de la Mase-
guilla, + en Granada á 30 de Enero de 1860); casada en 12
de Abril de 1857 con el Conde de Miravalle D. Aureliano
Serrano Trebuesto; condesa viuda desde 22 de Marzo de
1878.

TABLE DES MATIÈRES